Im Botanischen Garten Hamburg, Band 1

Eine Botanische Weltreise

Eine Einführung in die Pflanzenregionen der Erde

Katrin Schmidt · Alexander Laatsch

Über die Autoren

Dr. Alexander Laatsch ist Diplom-Biochemiker und arbeitet als freiberuflicher Wissenschaftler in den Bereichen Forschung, Lehre und Wissenschaftskommunikation. Die allgemeinverständliche Vermittlung wissenschaftlicher Themen und deren Wahrnehmung in der Öffentlichkeit sind ihm dabei ein besonderes Anliegen. Botanik, Ökologie und Biodiversitätsforschung gehören zu seinen Interessenschwerpunkten. *www.AlexanderLaatsch.de*

Dr. Katrin Schmidt ist als freiberufliche Wissenschaftsjournalistin, Übersetzerin und Autorin in Hamburg tätig. Ihr besonderes Interesse gilt interdisziplinären Forschungsarbeiten und der Vermittlung fachwissenschaftlicher Inhalte an ein breites Publikum. *www.ks-katrinschmidt.de*

Die Autoren danken Dr. Carsten Schirarend, dem wissenschaftlichen Leiter des Botanischen Gartens, für seine Unterstützung sowie seine fachlichen Anmerkungen und konstruktiven Hinweise.

Bibliografische Information der Deutschen Nationalbibliothek
Die Deutsche Nationalbibliothek verzeichnet diese Publikation in der Deutschen Nationalbibliografie; detaillierte bibliografische Daten sind im Internet über http://dnb.d-nb.de abrufbar.

Katrin Schmidt und Alexander Laatsch
„Eine Botanische Weltreise"
Im Botanischen Garten Hamburg, Band 1
Norderstedt, Books on Demand GmbH, 2010
1. Auflage

ISBN: 978-3-842-32856-3

© Katrin Schmidt, Alexander Laatsch

Herstellung und Verlag: Books on Demand GmbH, Norderstedt

Texte, Layout: Katrin Schmidt und Alexander Laatsch
Fotos, Karten: Alexander Laatsch
Umschlagbilder: *Araucaria araucana* (Hintergrund), *Abelia chinensis*
Alle Fotos in diesem Buch sind im Botanischen Garten Hamburg entstanden.

Inhalt

Vorwort

Wer gleich mit der Weltreise starten möchte, kann seine Entdeckungstour direkt auf Seite 10 beginnen (eine Übersichtskarte befindet sich auf Seite 8). Wenn Sie etwas mehr Muße haben, möchten wir die Gelegenheit nutzen, um Sie besonders herzlich im Botanischen Garten der Universität Hamburg zu begrüßen und Sie auf den nächsten Seiten kurz in das von Ihnen gewählte Thema und die Nutzungsmöglichkeiten dieses Buches einzuführen.

Beginnend mit einem Kurzbesuch in Afrika führt dieses Buch Sie durch unterschiedliche Vegetationszonen der Kontinente. Unterwegs zeigt es Ihnen die pflanzlichen Besonderheiten, die die Evolution in den verschiedenen Teilen der Erde hervorgebracht hat.

Jeder reist in seinem eigenen Tempo, aber wir empfehlen Ihnen, etwa zwei Stunden für den gesamten Weg einzuplanen. Wenn Sie sich einzelnen Regionen intensiver widmen wollen, werden Sie mehr Zeit benötigen – Pausen und Unterbrechungen sind jederzeit möglich. Natürlich lässt sich Ihre Reise durch die Welt der Pflanzen auch auf zwei oder mehr Besuche verteilen.

Wir haben uns bemüht, eine Themenauswahl zu treffen, die Sie die meiste Zeit des Jahres über im Garten erleben können. Trotzdem beschränkt sich die eine oder andere Blütenpracht auf eine kürzere Zeitspanne, und auch ungeplante Umpflanzungen sind aus gärtnerischen Gründen manchmal erforderlich.

Unser besonderer Dank gilt allen, die den Botanischen Garten zu dem gemacht haben, was er heute ist. Wir hoffen, dass Sie sich spätestens nach Ihrem Rundgang unserem Dank an die vielen Gärtner, Mitarbeiter und Ehrenamtlichen sowie an die Mitglieder und Förderer der *Gesellschaft der Freunde des Botanischen Gartens e. V.* anschließen mögen und gerne wiederkommen.

Jetzt wünschen wir Ihnen erst einmal eine schöne Zeit im Garten, interessante Entdeckungen auf Ihrer botanischen Weltreise und viel Spaß!

Hamburg, im September 2010

Katrin Schmidt und Alexander Laatsch

Grußwort

Liebe Besucher des Botanischen Gartens,

das vorliegende Büchlein möchte Sie zu einer kleinen botanischen Weltreise einladen und Ihnen dabei als unterhaltsamer und kompetenter Begleiter zur Seite stehen. Es ist der erste Band einer neuen Gartenführer-Reihe, die in den kommenden Jahren entstehen und unseren Gästen die faszinierende Welt der Pflanzen näher bringen soll.

Die Autoren, die Wissenschaftsjournalistin Katrin Schmidt und der Biologe Alexander Laatsch sind langjährige Liebhaber und Kenner des Hamburger Botanischen Gartens. Mit der geplanten Reihe möchten sie den Wunsch nach einer Verbindung ihrer beruflichen Kompetenz und ihrer besonderen Zuneigung zur Welt der Pflanzen verwirklichen. Die Liste der angedachten Themen ist lang und reicht von einem spannenden Ausflug in die Entwicklungsgeschichte und Evolution der Pflanzen über einen Einblick in das Reich der heiligen und magischen Pflanzen bis hin zu einem ganz praktischen Zierpflanzen-Ratgeber für den heimischen Garten.

Ich wünsche den Autoren Kraft und Ausdauer für die Verwirklichung ihres ehrgeizigen Gartenführer-Projektes, und ich würde mich sehr freuen, wenn unsere Besucher durch die neue Reihe zu einem noch intensiveren Erleben unseres Botanischen Gartens und seiner Pflanzenvielfalt angeregt werden.

Dr. Carsten Schirarend
Wissenschaftlicher Leiter

Einführung

Im Moment leben mit uns auf der Erde geschätzte 500 000 verschiedene Pflanzenarten. Vor etwa 250 Jahren haben Botaniker begonnen, diese Vielfalt systematisch zu erforschen. Bis heute haben sie etwa 300 000 Arten entdeckt und benannt.

Pflanzennamen und Verwandtschaftsbeziehungen

Der wissenschaftliche Name jeder Pflanze besteht aus zwei Teilen, dem zuerst genannten Gattungsnamen (er entspricht unserem Nachnamen, den wir wie auch die Pflanzen mit unseren nächsten Verwandten teilen) und dem nachgestellten Art-Epitheton (es entspricht unserem Vornamen). Die botanischen Namen sind meist lateinisch, wie z. B. *Thymus pannonicus*, der im Deutschen häufig „Pannonischer Thymian" genannt wird. Offiziell gilt jedoch immer der wissenschaftliche Name, da der deutsche Name nicht allgemeingültig ist: Die gleiche Pflanze wird auch „Steppen-Thymian" genannt – sie blüht hier im Garten im Bereich der pannonischen Steppe (→ S. 39).

Am engsten verwandte Pflanzenarten gehören derselben Gattung an. Nah miteinander verwandte Gattungen werden zu Familien zusammengefasst. Der Urweltmammutbaum (*Metasequoia glyptostroboides*), dem Sie am Eingang der China-Abteilung begegnen werden (→ S. 33), ist ein lebendes Fossil und die letzte heute noch lebende Art seiner Gattung *Metasequoia*. Die Sumpfzypressen, die Sie bald nach Beginn Ihrer botanischen Weltreise in der Pflanzenwelt Nordamerikas begrüßen werden, sehen dem Urweltmammutbaum so ähnlich, dass beide Arten derselben Pflanzenfamilie, den Zypressengewächsen (Cupressaceae), zugeordnet wurden. Die Sumpfzypressen bilden aber eine eigene Gattung (*Taxodium*). Einen der Merkmalsunterschiede, der zu dieser Trennung führt, werden Sie etwas später noch kennenlernen.

Florenreiche

Viele miteinander verwandte Pflanzen sind im Verlauf der Erdgeschichte auf bestimmte geographische Regionen beschränkt geblieben, da die Grenzen der sich wiederholt neu anordnenden Kontinente sowie klimatische Barrieren ihre großflächigere Verbreitung behindert haben. Anhand der heutigen Vorherrschaft bestimmter Pflanzenfamilien lässt sich die Erde in sechs verschiedene Florenreiche aufteilen.

Die **Holarktis** ist das größte Florenreich. Sie umfasst die gesamte, nicht-tropische Nordhalbkugel und entspricht größtenteils Laurasia, dem alten Großkontinent des Nordens, der im Zeitalter der Dinosaurier begann, in die heutigen nördlichen Kontinente zu zerbrechen. Typische Pflanzen sind u. a. Buchen-, Birken- und Kieferngewächse sowie Kreuzblütler. Aufgrund der nicht lange zurückliegenden Eiszeiten ist die Flora relativ jung.

Florenreiche der Erde

Die **Paläotropis** umfasst die Tropen und Subtropen der Alten Welt, also große Teile Afrikas sowie Indien und Südostasien. Einige typische Pflanzenfamilien sind Bananengewächse, Drachenbäume und die fleischfressenden Kannenpflanzen. Ein Teil der Flora, die ihren Ursprung auf dem südlichen Großkontinent Gondwana hatte, deckt sich heute mit der der **Neotropis**, den neuweltlichen Tropen Südamerikas. Charakteristische Vertreter sind z. B. Ananasgewächse und Agaven.

Kleinere Florenreiche sind **Australis** mit den berühmten Eukalyptusbäumen sowie **Capensis** an der Südspitze Afrikas. Letzteres ist das kleinste Florenreich, in dem ursprünglich interessanterweise zwar keine Palmen wuchsen, aber eine überraschende Artenfülle herrscht, u. a. mit Mittagsblumengewächsen, Heidekräutern und Pelargonien. Die **Antarktis** ist heute aufgrund der Vereisung des Kontinents Antarktika ebenfalls nur ein sehr kleines Florenreich. Außer einigen nördlichen, eisfreien Ausläufern von Antarktika, wo nur zwei Blütenpflanzenarten heimisch sind, ist es auf die Südspitze Südamerikas, den Südteil Neuseelands sowie die antarktischen Inseln beschränkt. Die Scheinbuchen sind charakteristische Pflanzen dieser Region.

Innerhalb der Florenreiche gibt es verschiedenste Lebensräume, die von unterschiedlich angepassten Vertretern der dort vorhandenen Pflanzengruppen besiedelt wurden. Die Erkundung der daraus entstandenen Vielfalt, die letztlich immer wiederkehrenden Grundmustern folgt, ist ein Ziel des folgenden Rundgangs.

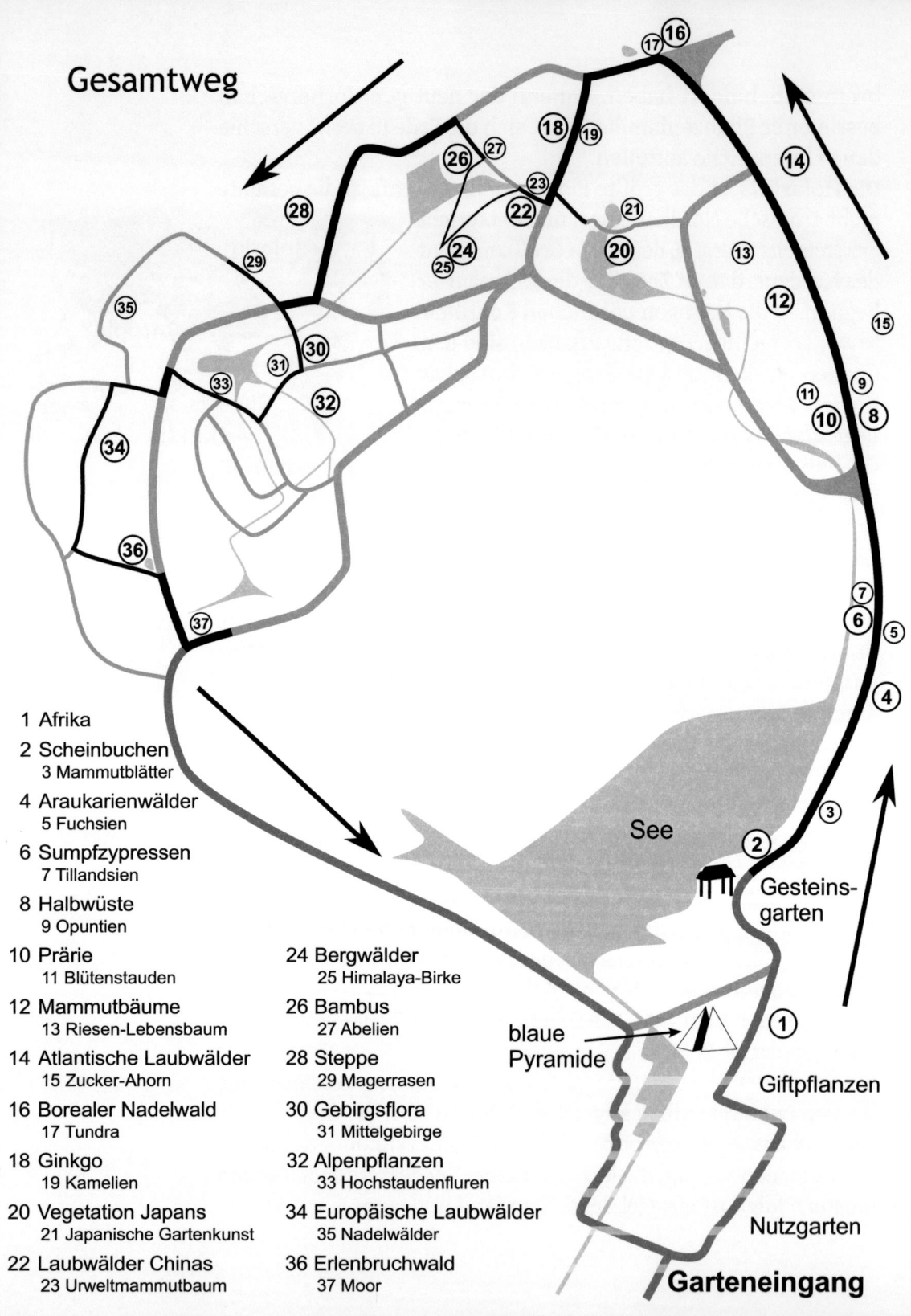

Gesamtweg

1 Afrika
2 Scheinbuchen
3 Mammutblätter
4 Araukarienwälder
5 Fuchsien
6 Sumpfzypressen
7 Tillandsien
8 Halbwüste
9 Opuntien
10 Prärie
11 Blütenstauden
12 Mammutbäume
13 Riesen-Lebensbaum
14 Atlantische Laubwälder
15 Zucker-Ahorn
16 Borealer Nadelwald
17 Tundra
18 Ginkgo
19 Kamelien
20 Vegetation Japans
21 Japanische Gartenkunst
22 Laubwälder Chinas
23 Urweltmammutbaum

24 Bergwälder
25 Himalaya-Birke
26 Bambus
27 Abelien
28 Steppe
29 Magerrasen
30 Gebirgsflora
31 Mittelgebirge
32 Alpenpflanzen
33 Hochstaudenfluren
34 Europäische Laubwälder
35 Nadelwälder
36 Erlenbruchwald
37 Moor

See

blaue Pyramide

Gesteins-garten

Giftpflanzen

Nutzgarten

Garteneingang

Wie man dieses Buch benutzt

Dieser Garten-Reiseführer möchte Sie mitnehmen in einige Pflanzenregionen unserer Erde, die im Botanischen Garten Hamburg dargestellt sind. Die Reise beginnt auf Seite 10, ab Seite 12 sind die einzelnen Wegabschnitte auf 18 Doppelseiten beschrieben. Gegenüber auf Seite 8 können Sie sich jederzeit einen Überblick über den Gesamtweg verschaffen.

Links auf jeder Doppelseite ist das aktuell besprochene Gebiet grau hinterlegt. Schwarze Symbole weisen auf zugehörige Pflanzen hin. Die Hauptroute ist schwarz, besondere Nebenrouten sind dunkelgrau dargestellt. Bitte beachten Sie, dass Wege durch den großen Maßstab manchmal länger wirken als sie tatsächlich sind.

Rechts auf jeder Doppelseite finden Sie Erläuterungen zu der Region, in der Sie sich gerade aufhalten. Der obere Text enthält grundlegende Informationen, der mittlere weiterführende Details. Der untere Abschnitt behandelt ein davon unabhängiges, weiteres Thema derselben Region. Treffen Sie Ihre persönliche Textauswahl ganz nach Interesse und zur Verfügung stehender Zeit!

Hauptroute

Nebenroute

Weiterer Weg

Gewässer

aktuelle Region

Hauptweg

Nebenweg

Pfad

nicht barrierefrei

Laubbäume

Nadelbäume

kleine Pflanzen

besondere Bank

Gebäude, Hütte

Das aktuelle Großgebiet (links) und die aktuelle Region (rechts), in denen Sie sich befinden.

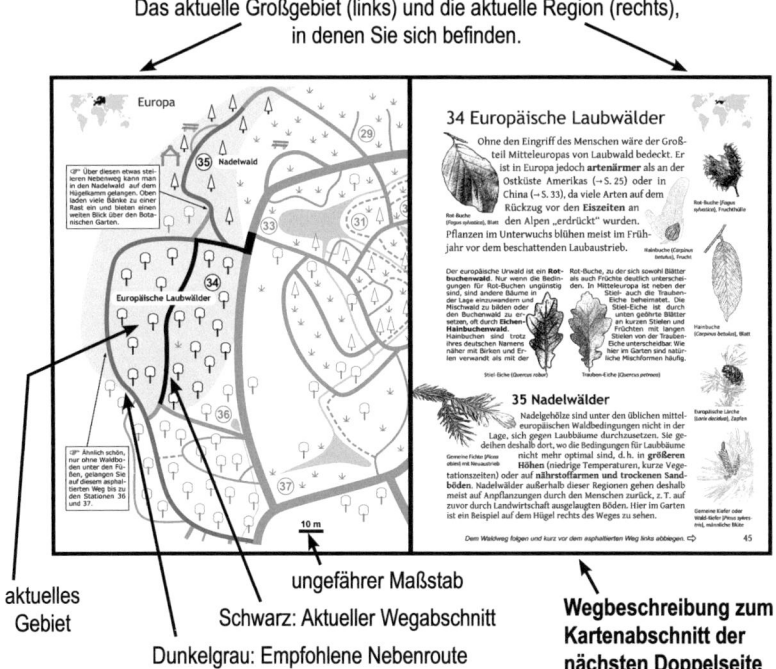

aktuelles Gebiet

Schwarz: Aktueller Wegabschnitt

Dunkelgrau: Empfohlene Nebenroute

ungefährer Maßstab

Wegbeschreibung zum Kartenabschnitt der nächsten Doppelseite

So gelangen Sie zum Ausgangspunkt der Reise:

Gehen Sie vom Garteneingang geradeaus bis zur T-Kreuzung, dort rechts und gleich wieder links. Folgen Sie dem Weg, bis Sie den Giftpflanzengarten umrundet haben und an der blauen Pyramide stehen.

Blaue Glaspyramide im Wüstengarten

Die Reise beginnt ...

... in Afrika. Hier entwickelte sich vor 200 000 Jahren der moderne Mensch. Vor erst ungefähr 50 000 Jahren verließen die ersten unserer Vorfahren diesen Kontinent, um alle anderen Teile der Welt zu besiedeln.

Das Reisetagebuch der Pflanzen ist wesentlich älter. Die modernen Blütenpflanzen, die uns heute in überwältigender Mehrheit umgeben, sind 1000fach älter als der Mensch, sie entstanden vor etwa 200 000 000 Jahren zu Beginn des Jura im Schatten der Dinosaurier. Die Verbreitung der Pflanzen über die Landmassen der Erde begann vor 500 000 000 Jahren, 10 000mal früher als die große Wanderung der Menschheit. Wo genau die Pflanzen das Wasser verließen und welchen Weg sie danach auf den damaligen Kontinenten nahmen, ist heute unbekannt. Unsere gegenwärtige Pflanzenwelt ist das Ergebnis der Anpassung der Pflanzen an die verschiedenen Umweltbedingungen, die sie während ihrer Reise antrafen. Um einen Einblick in diese Vielfalt zu bekommen, beginnen auch wir unsere Reise hier im Garten wieder in Afrika.

Millionen Jahre vor heute	
0	erste Menschen
	erste Menschenaffen
	Gräser entstehen
	Ende der Dinosaurier
100	erste Laubbäume
	heutige Kontinente beginnen zu entstehen
	erste Säugetiere
200	moderne Blütenpflanzen entstehen
	erste Dinosaurier
300	erste Nadelbäume
	erste Steinkohlewälder entstehen
	erste Landwirbeltiere
400	erste Farne und Bärlappe
	erste Landtiere
500	erste Pflanzen besiedeln das Land

1 Vegetation Afrikas

Afrika vereint Vegetationszonen von der Trockenwüste bis hin zum tropischen Regenwald und Gebirgsvegetationen bei subarktischem Klima. Ein Großteil davon kann in mitteleuropäischem Klima nicht gezeigt werden, deshalb befindet sich ein Teil des Wüstengartens innerhalb der Glaspyramide. Die wenigen Pflanzen einer Wüste können entweder Wasser speichern, wurzeln tief bis ins Grundwasser oder treten, wie zeitweise auf Flächen rechts des Weges gezeigt, nach Regenfällen kurzfristig auf. Einige Mittagsblumen sind Vertreter der Kapregion, die Südeuropa klimatisch ähnlich ist.

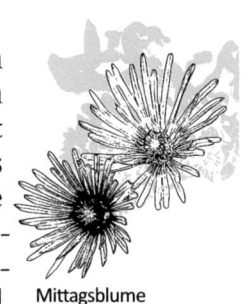

Mittagsblume
(*Delosperma cooperi*)

Geradeaus erreichen Sie hinter dem Gesteinsgarten das südliche Südamerika. ⇨

Südamerika

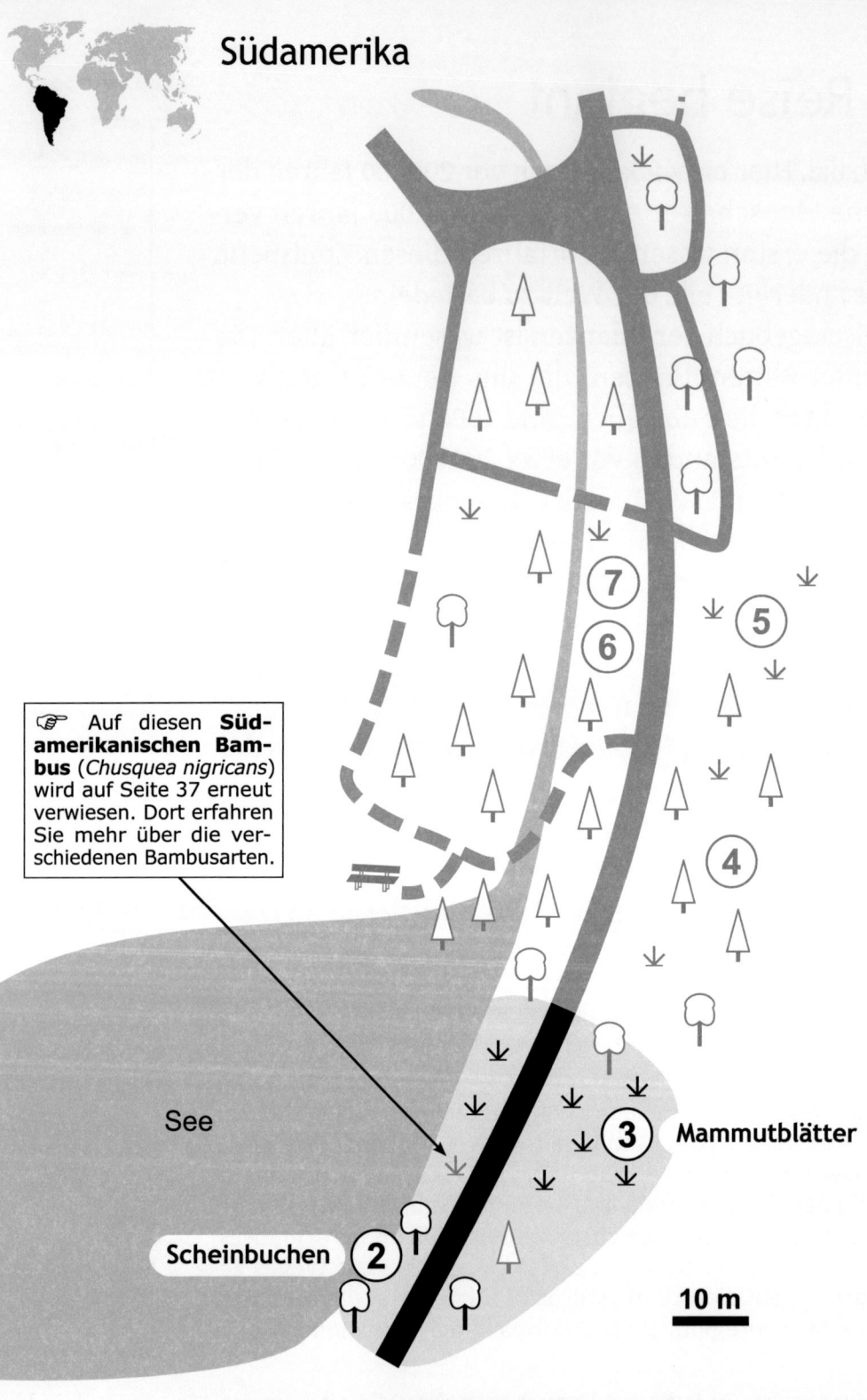

☞ Auf diesen **Südamerikanischen Bambus** (*Chusquea nigricans*) wird auf Seite 37 erneut verwiesen. Dort erfahren Sie mehr über die verschiedenen Bambusarten.

See

Scheinbuchen ②

③ Mammutblätter

10 m

2 Scheinbuchen

Unter den Scheinbuchen, auch **Südbuchen** genannt, gibt es sowohl **immergrüne** als auch **laubabwerfende** Vertreter. Die vier hier im Garten gezeigten Arten gehören alle zu der zweiten Gruppe, da ihre immergrünen Verwandten in Mitteleuropa nicht ausreichend winterhart sind. Abhängig von ihrem Standort wachsen Scheinbuchen zu stattlichen **Bäumen** oder gedrungenen **Büschen** heran.

Antarktische Scheinbuche
(*Nothofagus antarctica*)

Scheinbuchen sind auf der ganzen **Südhalbkugel** anzutreffen, fehlen aber in Afrika und Indien. Sie breiteten sich folglich erst aus, nachdem sich diese beiden Kontinente vor etwa 100 Millionen Jahren von dem **Urkontinent Gondwana** abgetrennt hatten.
Die Scheinbuchen wurden anfangs zur Familie der Buchengewächse gezählt. **Genetische Analysen** ergaben aber, dass es sich um eine eigene Familie handelt. Diese erhielt den Namen Scheinbuchengewächse. Auf die irreführende Ähnlichkeit zu den Buchen verweist der lateinische Name *Nothofagus,* der sich von dem griechischen Wort *nothos* ableitet, das *falsch* oder *unecht* bedeutet.
Die **Rinde** junger Scheinbuchen ist glatt, erst später bilden sich die Furchen und Risse aus, die dem Baum sein **charakteristisches Aussehen** verleihen. Durch die Verdickung des Stammes im Alter löst sich die Rinde in gradwinkligen Stücken ab.

Antarktische Scheinbuche
(*Nothofagus antarctica*),
Rinde

3 Mammutblätter

Mammutblätter machen ihrem Namen alle Ehre: Ihre **Blätter** erreichen eine Größe von **bis zu zwei mal drei Metern**. Angeblich sollen früher Reiter unter den gewaltigen Blättern Schutz vor Regen gesucht haben. Von den etwa 40 bis 50 bekannten Arten erreichen jedoch nicht alle so beeindruckende Maße. Die im Garten gezeigten Arten *Gunnera manicata* und *Gunnera tinctoria* stammen aus Brasilien bzw. Chile und Argentinien. In unseren Breiten benötigen die Pflanzen einen guten **Winterschutz**, da sie sonst die kalte Jahreszeit nicht überstehen.

Mammutblatt
(*Gunnera manicata*)

Weiter entlang des Hauptweges in die Anden. ⇨

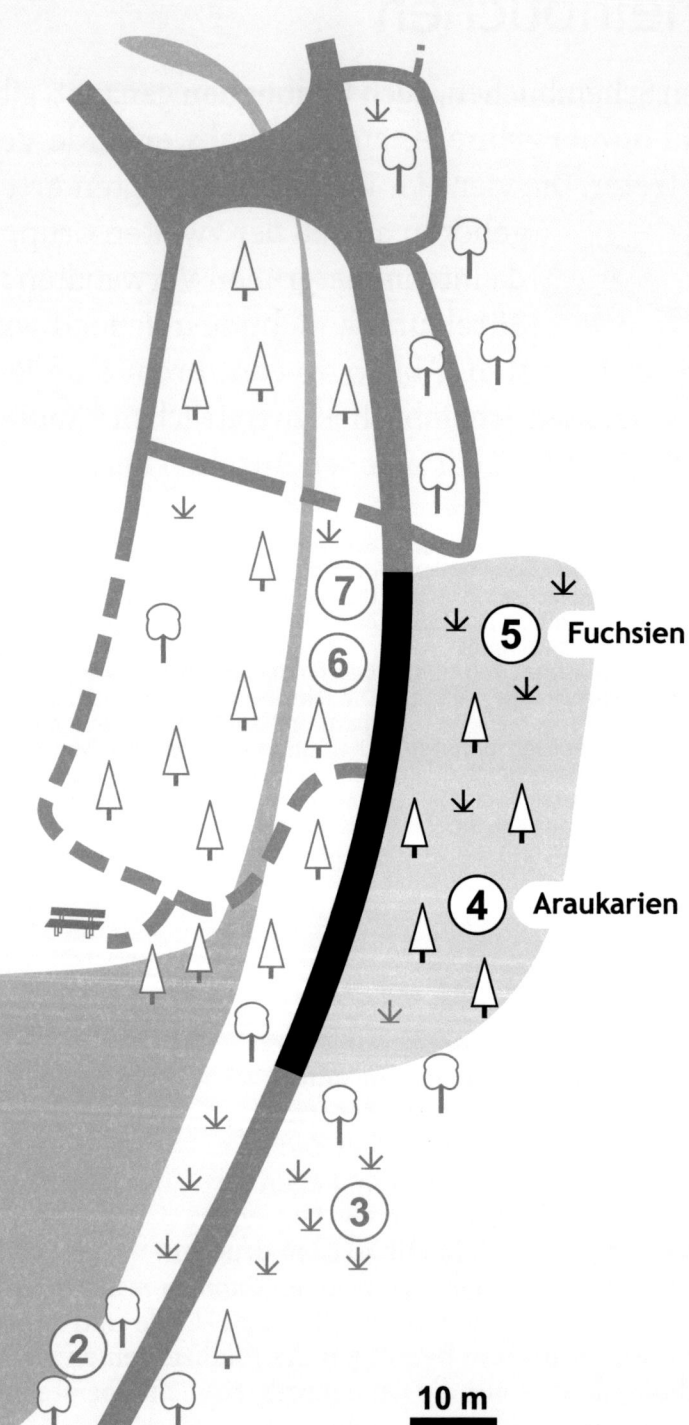

Südamerika

See

10 m

Fuchsien

Araukarien

4 Araukarienwälder

Kurz hinter den gewaltigen Mammutblättern fällt rechter Hand eine Gruppe bizarr anmutender Nadelbäume auf – die Araukarien. Die **immergrünen** Bäume mit ihren spitzen, schuppenförmigen Nadeln sind nur auf der **Südhalbkugel** der Erde zu finden. Araukarien gibt es bereits seit der **Trias** vor etwa 250 Millionen Jahren. Pflanzen dieser Gattung waren 200 Millionen Jahre lang Zeitgenossen der Dinosaurier.

Chilenische
Araukarie
(*A. araucana*)

Chilenische Araukarie
(*Araucaria araucana*),
weiblicher Zapfen

Alle Araukarienarten sind zweihäusig, das heißt, es gibt **männliche und weibliche Bäume**. An den hier im Garten gezeigten Chilenischen Schmucktannen (*Araucaria araucana*) lässt sich diese Besonderheit gut beobachten: Die **Zapfen** auf den weiblichen Bäumen sind groß und rund, die auf den männlichen hingegen kleiner und eher eiförmig. *Araucaria araucana* ist in den chilenischen Anden beheimatet und ist der **Nationalbaum Chiles**. Sie erhielt ihren Namen nach dem dort ansässigen, früher „Araukaner" genannten Volk der Mapuche, das die Samen des Baumes als Nahrungsmittel nutzt.

Die zweite Araukarienart Südamerikas ist die Brasilianische Araukarie (*Araucaria angustifolia*). Sie wächst im subtropischen Süden Brasiliens und ist deshalb in Deutschland nur **begrenzt winterhart**.

Chilenische Araukarie
(*Araucaria araucana*),
männlicher Zapfen

5 Fuchsien

Im Anschluss an die Araukarien befindet sich rechter Hand ein großes Fuchsienfeld mit der im Andenraum bis drei Meter hoch werdenden Scharlach-Fuchsie (*Fuchsia magellanica*).
Die Fuchsie stammt ursprünglich aus den **peruanischen Anden** und hat sich von dort über Süd- und Mittelamerika ausgebreitet. Die Gattung wurde 1696 von dem Paulaner-Pater Charles Plumier entdeckt, der sie nach dem deutschen Botaniker **Leonhart Fuchs** (1501–1566) benannte. Die Fuchsie ist seit dem 18. Jahrhundert als Zierpflanze in Europa sehr beliebt. Es gibt mittlerweile weltweit mehr als 7000 Zuchtformen.

Scharlach-Fuchsie
(*Fuchsia magellanica*),
Blüte

Weiter geradeaus, links beginnt bereits die nordamerikanische Golfküste. ⇨

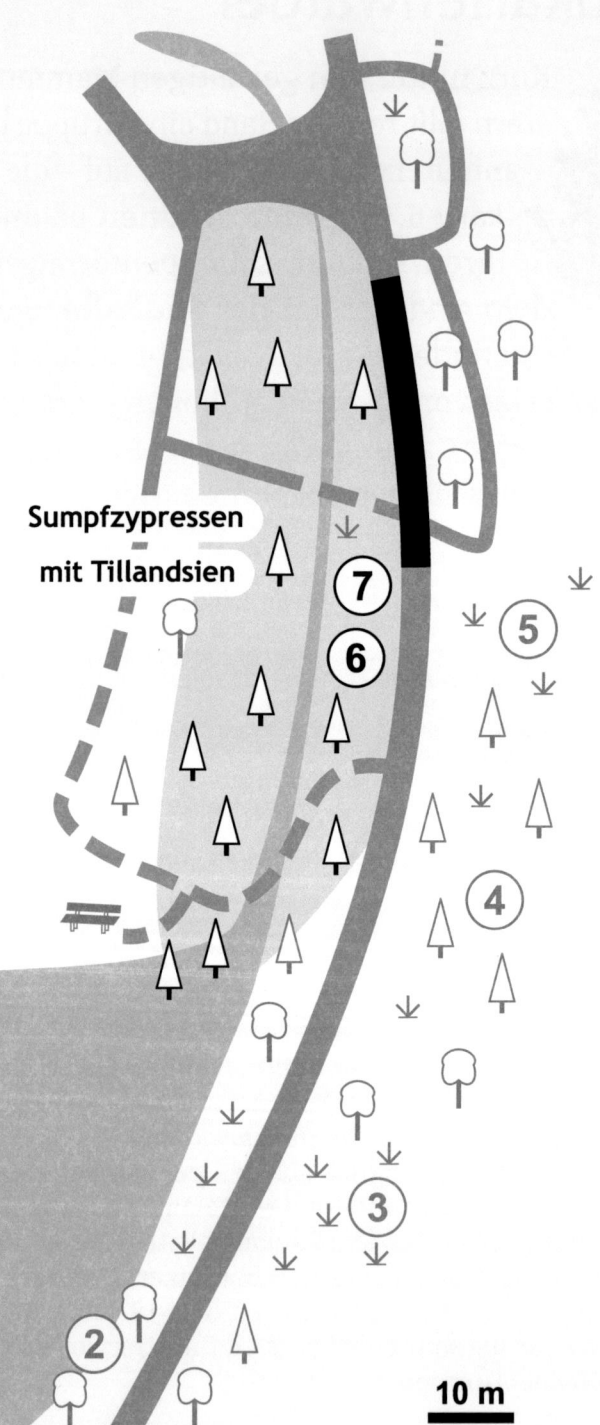

Nordamerika

Sumpfzypressen
mit Tillandsien

7

6

5

4

3

2

See

10 m

6 Sumpfzypressen

Links des Weges beginnt der botanische Übergang nach Nordamerika. Sumpfzypressen sind bereits aus dem Jura vor fast 200 Millionen Jahren bekannt und können mehr als **1000 Jahre alt** werden. Sie gehören zu den wenigen Nadelbäumen, die ihre **Nadeln im Winter abwerfen**,

Echte Sumpfzypresse
(*Taxodium distichum*) und zeichnen sich durch eine besonders schöne, leuchtend kupferne Herbstfärbung aus.

Die Hauptverbreitungsgebiete der Sumpfzypressen sind die Everglades im US-Bundesstaat Florida und das Mississippi-Delta, das sich vom südlichen Illinois bis zu der Küstenstadt New Orleans erstreckt. Man findet die Bäume dort in den **Uferzonen**, aber auch in den **seichten Bereichen der Gewässer**, so wie sie auch im Garten präsentiert werden.
Im Wasser stehende Sumpfzypressen bilden markante, sogenannte **Atemknie** aus, die ein wenig wie Termitenhügel aussehen und bis zu **40 Zentimeter** hoch werden können. Der Name rührt daher, dass man früher dachte, das weiche und schwammige Gewebe in ihrem Inneren würde der Durchlüftung der im Wasser liegenden Wurzeln dienen. Heute geht man hingegen davon aus, dass die Atemknie, die erst von etwas älteren Bäumen ausgebildet werden, vor allem die **Stabilität** im weichen Untergrund verbessern.

Sumpfzypresse mit Atemknien (dunkel)

7 Tillandsien

Viele Tillandsien sind **Aufsitzerpflanzen** (Epiphyten), d. h., sie leben auf anderen Pflanzen. Sie sind aber keine Parasiten, sondern kommen mit den Nährstoffen aus, die Wind und Regen herantragen. Auf Steinen oder Wurzeln verankert werden sie oft als kleine Schmuckpflanzen verkauft. Das silbrige Aussehen vieler Arten beruht auf zahllosen winzigen **Saugschuppen**. Diese sind mit Luft gefüllt, so dass das Licht reflektiert wird und die Pflanze fast weiß erscheint. Nehmen die Schuppen Wasser auf, **„ergrünt"** die Pflanze, denn dann wird das darunterliegende grüne Blattgewebe sichtbar.

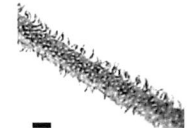

Louisianamoos
(*Tillandsia usnoides*),
Saugschuppen
Balken = 1 mm

links: *Tillandsia usnoides* weist eine für Tillandsien ungewöhnlich langgestreckte Wuchsform auf.

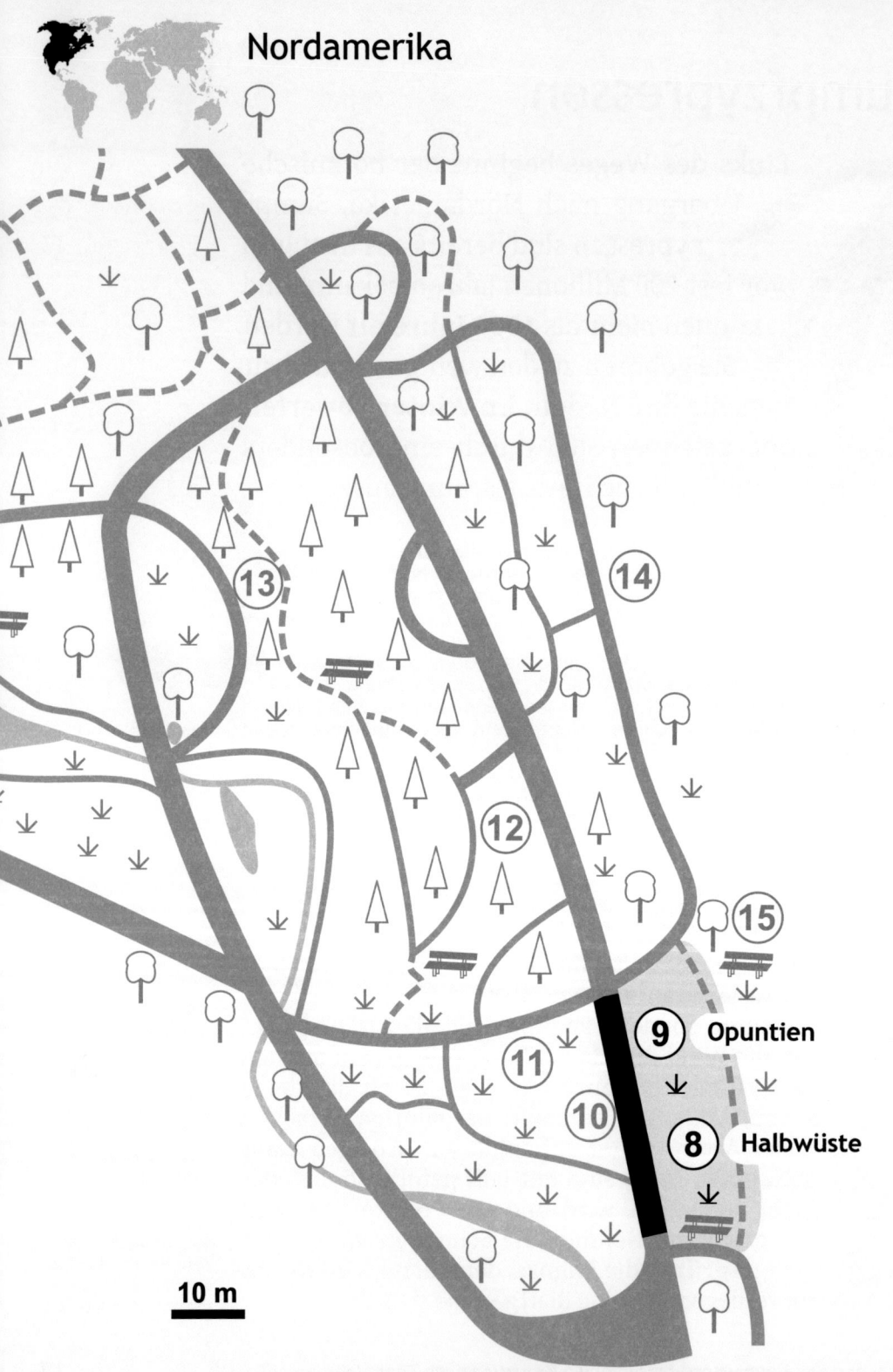

Nordamerika

13

14

12

15

9 Opuntien

11

10

8 Halbwüste

10 m

8 Halbwüste

Die aus vielen Gärten bekannten **Yuccas** gehören zu den charakteristischen Pflanzen der rechts des Weges gezeigten, nordamerikanischen Halbwüsten. Diese sind klimatisch wie geographisch zwischen Wüsten und Prärien (im Garten gegenüber) angesiedelt. Die **trockene Region** ist durch ihre nördliche Lage zusätzlich **winterkalt.**

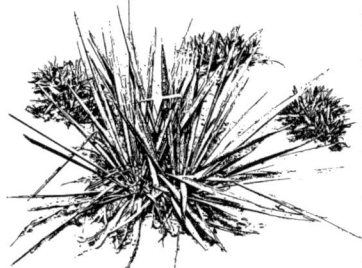

Fädige Palmlilie (*Yucca filamentosa*) mit Begleitpflanzen

Fädige Palmlilie (*Yucca filamentosa*), Blütenstand

östlich der Rocky Mountains liegt zwischen drei Gebirgszügen das „Große Becken" im Bereich Nevadas. Durch den Regenschatten der Gebirge ist diese Region der Größe Spaniens sehr trocken. Sie besitzt keinen Abfluss, so dass sich zu sommerlicher Trockenheit und scharfen Winterfrösten meist noch ein **versalzener Boden** gesellt. Nur wenige, spezialisierte Pflanzen können unter diesen Bedingungen überleben. Viele Arten schützen sich durch **helle Blätter** vor der intensiven Sonneneinstrahlung, die sie mit weißen Haaren oder Salzkristallen reflektieren. In der alten Welt finden die amerikanischen Wüsten und Halbwüsten ihre Entsprechung in Zentralasien, östlich des Kaspischen Meeres (vgl. Prärie und Eurasische Steppe, →S. 21, 39).
Bei den häufig **Yucca-Palmen** genannten Pflanzen handelt es sich nicht um Palmen. Aufgrund ihrer Blütenform werden sie vielmehr als Palmlilien bezeichnet.

9 Opuntien

Opuntien sind die größte Gruppe der Feigenkakteen und als solche gut an trockene Standorte angepasst. Sie stammen ursprünglich aus Amerika, mit einem Verbreitungsschwerpunkt in Mexiko. Mittlerweile sind sie an passenden Standorten weltweit eingebürgert worden. Der Grund hierfür sind vermutlich die essbaren Früchte einiger Arten (**Kaktusfeigen**) sowie die Produktion eines **karminroten Farbstoffs** aus einer auf Opuntien lebenden Schildlaus. Die vor etwa 1000 Jahren von den **Azteken** begonnene Farbstoffgewinnung wurde im Zuge der Eroberung Amerikas von den Spaniern übernommen und wird bis heute, z. B. auf den Kanaren, durchgeführt.

Feigenkaktus (*Opuntia phaeacantha*)

Auf diesem Wegabschnitt bleiben und nach links wenden. ⇨

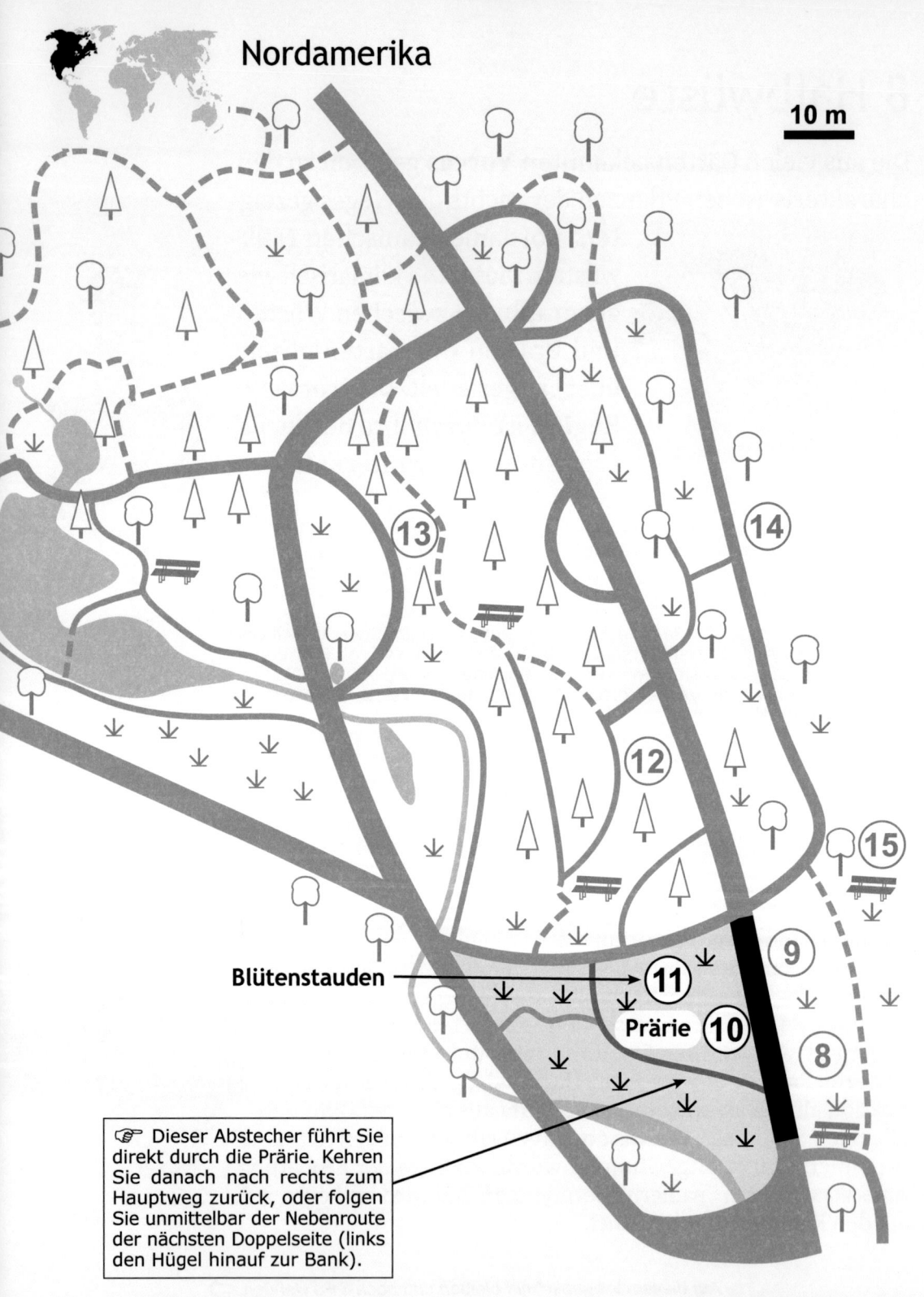

Nordamerika

10 m

Blütenstauden

Prärie

⑬

⑭

⑫

⑮

⑪

⑩

⑨

⑧

☞ Dieser Abstecher führt Sie direkt durch die Prärie. Kehren Sie danach nach rechts zum Hauptweg zurück, oder folgen Sie unmittelbar der Nebenroute der nächsten Doppelseite (links den Hügel hinauf zur Bank).

10 Prärie

Die Steppen Nordamerikas werden als Prärie bezeichnet. Feuer und natürliche Weidetiere (**Bisons**) verhindern das Aufkommen von Bäumen. Formen sind die trockene, eher karge **Kurzgrasprärie**, wie man sie aus vielen Wildwestfilmen kennt, bis hin zur feuchteren, hohen **Langgrasprärie** wie hier links des Weges. Aufgrund der fruchtbaren Böden wurden sie oft in Weide- und Ackerland umgewandelt.

11 Blütenstauden

Charakterpflanzen der Prärien sind **Gräser**. Insbesondere in der Langgrasprärie kommen jedoch auch viele **Blütenstauden** vor, die aufgrund ähnlicher Klimabedingungen häufig ihren Weg in mitteleuropäische **Ziergärten** gefunden haben. Die meist gelblichen oder rötlichen Blüten der **Sonnenhüte** (*Echinacea*, *Rudbeckia*) mit zentralem Köpfchen sind ein typischer Anblick.

Weiter entlang des Hauptweges oder der Nebenroute folgen (s. Folgeseite). ⇨

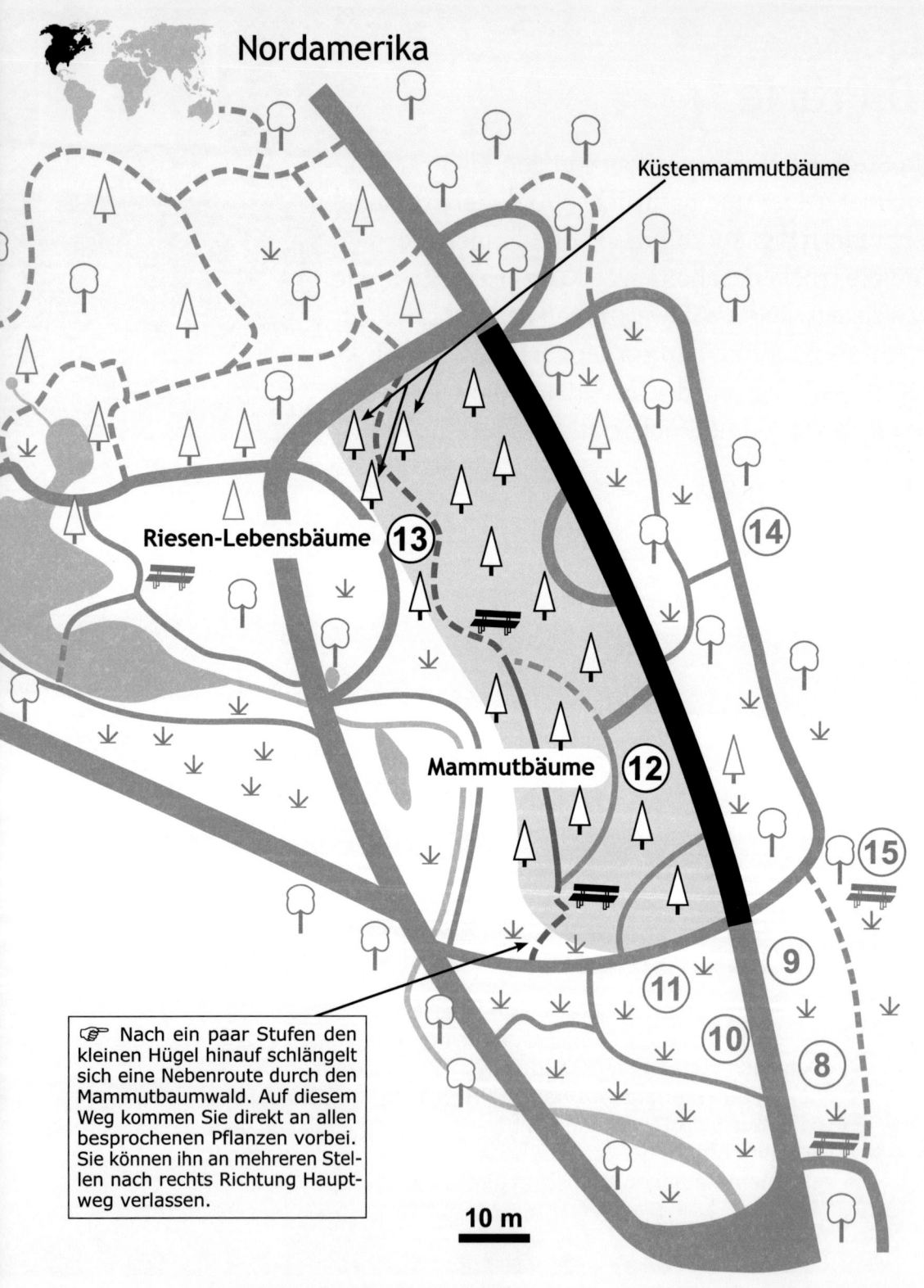

Nordamerika

Küstenmammutbäume

Riesen-Lebensbäume (13)

(14)

Mammutbäume (12)

(15)

(9)

(11)

(10)

(8)

☞ Nach ein paar Stufen den kleinen Hügel hinauf schlängelt sich eine Nebenroute durch den Mammutbaumwald. Auf diesem Weg kommen Sie direkt an allen besprochenen Pflanzen vorbei. Sie können ihn an mehreren Stellen nach rechts Richtung Hauptweg verlassen.

10 m

12 Mammutbäume

Die Pazifikküste Nordamerikas zeichnet sich durch ein gemäßigtes Klima und hohe Niederschlagsmengen aus. Diese **günstigen Standortbedingungen** fördern seit Jahrtausenden das Wachstum der einheimischen Nadelgehölze und haben die gigantischen Küsten- und Riesenmammutbäume hervorgebracht. Manche Bäume sind über 100 Meter hoch und **mehr als 2000 Jahre alt**. Die Mammutbaumwälder gelten als die holzreichsten Wälder der Erde.

Riesenmammutbaum
(*Sequoiadendron giganteum*)

Als Mammutbäume werden drei Gattungen bezeichnet, die jeweils nur eine Art umfassen – man spricht von **monotypischen Gattungen**. Zwei von ihnen sind in Nordamerika beheimatet, eine in China (→ S. 33). Der Großteil des Mammutbaumwaldes im Garten besteht aus *Sequoiadendron giganteum*, dem Riesenmammutbaum. Er wirft seine unteren Äste ab, damit Waldbrände, die seine dicke Borke nicht durchdringen, die Zweige nicht erreichen. *Sequoia sempervirens*, der Küstenmammutbaum, ist frostempfindlicher und gedeiht besser in geschützter Lage am Ende des Hügels.

In den USA haben manche der Bäume **eigene Namen** erhalten, so z. B. „Grizzly Giant", „Stratosphere Giant" oder „Hyperion", der mit knapp 116 Metern höchste Baum der Welt, und „General Sherman", der voluminöseste Baum der Welt.

links: Riesenmammutbaum
(*Sequoiadendron giganteum*)

Küstenmammutbaum
(*Sequoia sempervirens*)

13 Riesen-Lebensbaum

Versteckt zwischen den Mammutbäumen steht auf dem Hügel eine Gruppe der immergrünen Riesen-Lebensbäume (*Thuja plicata*). Sie gehören zur Familie der Zypressengewächse. Ihr typisches Kennzeichen ist ein schmaler, nach oben **kegelförmig** zulaufender Wuchs. Sie sind in Mitteleuropa winterhart, leiden aber unter der Trockenheit im Sommer. Riesen-Lebensbäume sind **einhäusig getrenntgeschlechtlich**, das heißt, männliche und weibliche Zapfen sind auf demselben Baum zu finden. Das Holz ist leicht und widerstandsfähig. Es wird als wertvoller Baustoff gehandelt, obwohl sein hoher natürlicher Säuregehalt dazu führt, dass Eisennägel in ihm korrodieren.

Riesen-Lebensbaum
(*Thuja plicata*)

Weiter entlang des Hauptweges bzw. von der Nebenroute dorthin zurückkehren. ⇨   23

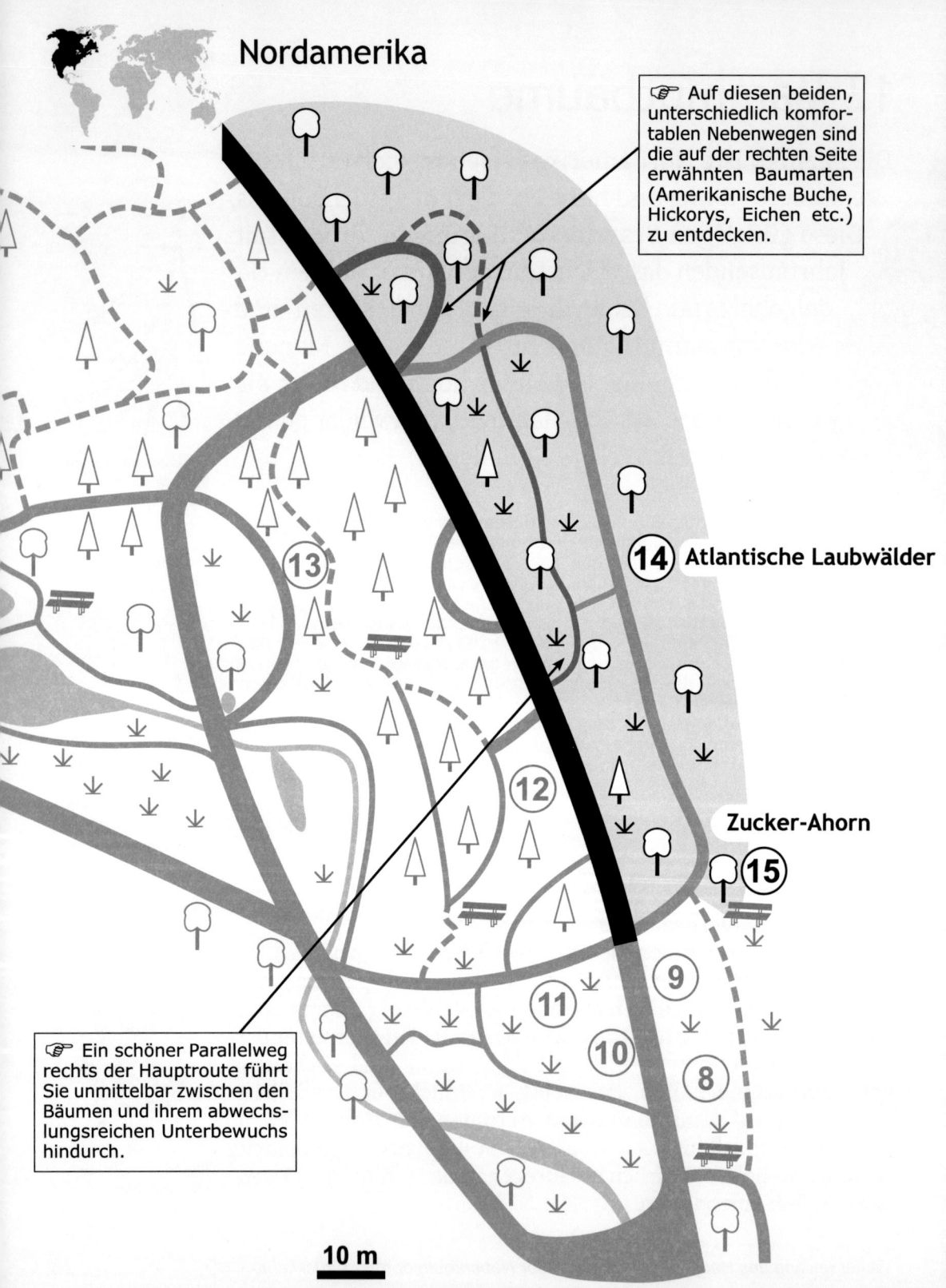

Nordamerika

☞ Auf diesen beiden, unterschiedlich komfortablen Nebenwegen sind die auf der rechten Seite erwähnten Baumarten (Amerikanische Buche, Hickorys, Eichen etc.) zu entdecken.

⑭ Atlantische Laubwälder

⑬

⑫

Zucker-Ahorn ⑮

⑨

⑪

⑩

⑧

☞ Ein schöner Parallelweg rechts der Hauptroute führt Sie unmittelbar zwischen den Bäumen und ihrem abwechslungsreichen Unterbewuchs hindurch.

10 m

14 Atlantische Laubwälder

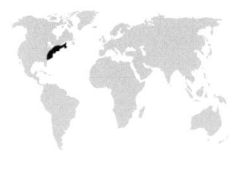

Sommergrüne Laubwälder kommen vor allem auf der Nordhalbkugel vor. Die ausgedehnten Gebiete im Osten Nordamerikas sind durch die Laubfärbung während des *Indian Summer* bekannt. Wie ihre Entsprechung in Ostasien (→ S. 33) bestehen sie aus wesentlich mehr verschiedenen Baumarten als die mitteleuropäischen Wälder (→ S. 45). Rechts vom Hauptweg sind typische Gattungen wie Eiche, Hickory (mit der Walnuss verwandt), Buche, Tulpenbaum, Birke und Ahorn zu entdecken.

Spottnuss-Hickory
(*Carya tomentosa*)

Zu Beginn der Erdneuzeit vor etwa 60 Millionen Jahren drifteten die Kontinente in ihre heutige Aufteilung auseinander. Die Laubbäume, die sich in dieser Zeit entwickelten, konnten Amerika und Eurasien aufgrund der noch geringen Abstände der Kontinente sowohl über die spätere Beringstraße als auch über den sich bildenden Atlantik hinweg besiedeln.

In Europa verhinderten später die von **West nach Ost** verlaufenden **Alpen und Karpaten** den Rückzug der Laubbäume vor den von Norden kommenden **Eiszeiten**. In Europa starben dadurch viele Arten aus, die sich in **Amerika** entlang der dort in **Nord-Süd-Richtung** verlaufenden Gebirge nach Süden zurückziehen konnten.

Rot-Eiche
(*Quercus rubra*)

Tulpenbaum
(*Liriodendron tulipifera*)

Amerikanische Buche
(*Fagus grandifolia*),
Frucht

15 Zucker-Ahorn

Die **kanadische Flagge** zeigt die wohl bekannteste Abbildung eines Ahornblattes. Modell stand der Zucker-Ahorn (*Acer saccharum*), der an der nordamerikanischen Ostküste weit verbreitet ist. Dank des **Ahornsirups**, der durch Anbohren des Stammes gewonnen wird, ist er weltbekannt geworden. Im Garten steht ein repräsentatives Exemplar am Ende des Pfades, der, rechts vom Hauptweg abzweigend, die Halbwüste von der Atlantikküste trennt. Im Herbst ist das für diese Art typische **Farbenspiel** zu sehen, das durch gleichzeitiges Auftreten unterschiedlicher Farbtöne am selben Baum besonders spektakulär ist. Zucker-Ahorne reagieren empfindlich auf Umweltverschmutzungen, wodurch ihr Bestand zurückgeht.

Zucker-Ahorn
(*Acer saccharum*)

Weiter entlang des Hauptweges bzw. von der Nebenroute dorthin zurückkehren. ⇨

Boreale Zone

Borealer Nadelwald

16

17

Tundra

10 m

16 Borealer Nadelwald

Nördlich der gemäßigten Laubwälder umspannt der Boreale Nadelwald die Erde. Boreas ist in der griechischen Mythologie der Gott des kalten Nordwindes, und dieser prägt die Region maßgeblich. **Temperaturen von -40 °C** und weniger sind für die meisten Laubbäume zu kalt, so dass **Nadelbäume** wie Tannen, Fichten, Kiefern und Lärchen vorherrschen. In zu nassen Gebieten ersetzen **Moorlandschaften** den Wald.

Zusätzlich zur Kälte werden die Lebensbedingungen durch saure, nährstoffarme Böden und extreme Lichtverhältnisse erschwert. Die Region ist deshalb **artenarm** und wird von immergrünen Bäumen und Moosen dominiert, die nach den ausgedehnten, dunklen Wintern das **Licht** der langen Sommertage so fort nutzen können. Wie die Bäume sind auch die meisten der kleineren Begleitpflanzen für ihre Nährstoffversorgung auf Symbiosen mit den reichlich vorhandenen **Pilzen** angewiesen. Kleinere Laubbäume treten in der Strauchschicht auf.

Durch den hohen Holzbedarf der Papierindustrie werden die Wälder intensiv genutzt. Die Wuchsleistung der Pflanzen ist jedoch gering, so dass Wiederaufforstungen nach Abholzung viel Zeit in Anspruch nehmen.

links: Balsam-Tanne (*Abies balsamea*) mit typisch glatter Rinde

Schwarz-Fichte
(*Picea mariana*)

17 Tundra

Nördlich des Borealen Nadelwaldes schließt sich die **baumlose Tundra** an. Die Temperatur-, Licht- und Bodenbedingungen sind hier extrem. Hinzu kommt, dass der Boden schon kurz unter der Oberfläche **permanent gefroren** ist und sich darüber Staunässe bildet. Neben Moosen und Flechten finden sich nur wenige, spezialisierte Arten, die in Matten oder als flache Sträucher wachsen. Sie können sich meist durch Spross- oder Wurzelausläufer vermehren und sind dadurch nicht auf eine erfolgreiche Samenbildung angewiesen.

Grönland-Sumpfporst
(*Ledum palustre* subsp. *groenlandicum*)

Asien

10 m

18 Ginkgo

Der Ginkgo ist der letzte noch lebende Vertreter einer sehr frühen Pflanzengruppe, die sich noch **vor den Dinosauriern** zu entwickeln begann. Er ist weder Nadel- noch typischer Laubbaum, da beide erst später und nicht als Nachfahren des Ginkgo enstanden. Vor seiner heute wieder weltweiten Verbreitung als **robuster Zierbaum** hatte er nur in einem kleinen Berggebiet im Osten Chinas überlebt. Aufgrund seiner langen Kulturgeschichte in China wird er auch „**Tempelbaum**" genannt.

Ginkgo (*Ginkgo biloba*), einzelnes Blatt

Der Ginkgo ist **zweihäusig**. Bei der Pflanze auf dem Hügel rechts des Weges handelt es sich um ein weibliches Exemplar (beide Geschlechter finden sich bei den Bushaltestellen am Garteneingang). Bevor sich die unangenehm riechenden Samen entwickeln, werden die Blüten von Pollen mit männlichen Keimzellen befruchtet, die aufgrund ihrer Urtümlichkeit noch **aktiv beweglich** sind. Von den einfacheren Algen, Moosen und Farnen abgesehen, zeigen unter den Samenpflanzen nur noch die ebenfalls urtümlichen **Palmfarne** diese Eigenschaft. Sie sind heute die nächsten lebenden Verwandten des Ginkgo und im Schaugewächshaus am Dammtor-Bahnhof in einer Spezialsammlung zu sehen.
Die Art *Ginkgo biloba* existiert seit 50 Millionen Jahren.
Jedes Ginkgoblatt hat eine individuelle Form. Der Samenkern ist gekocht oder geröstet **essbar** und ein Bestandteil der asiatischen Küche.

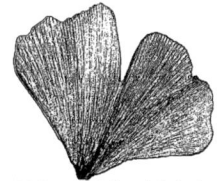

Ginkgo (*Ginkgo biloba*), weibliche Pflanze mit Samen

19 Kamelien

Zur Gattung der Kamelien gehören etwa 200 Arten. Eine von ihnen ist die „**Tee-Pflanze**" *Camellia sinensis*, deren Blätter zu schwarzem, grünem und weißem Tee verarbeitet werden. Kamelien sind immergrüne, sehr langlebige Pflanzen und können bei günstigen Standortbedingungen bis zu zehn Meter groß werden. Wie andere Kamelien auch, behält die im Garten gezeigte Art *C. japonica* ihre Blätter zwei bis drei Jahre lang. Wegen ihrer relativen Winterhärte ist sie eine verbreitete Zuchtart. In japanischen und chinesischen Gärten waren Kamelien bereits **beliebte Zierpflanzen**, bevor sie im 18. und 19. Jahrhundert die Palastgärten Europas eroberten.

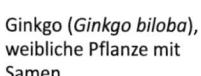

Zier-Kamelie
(*Camellia japonica* subsp. *rusticana*)

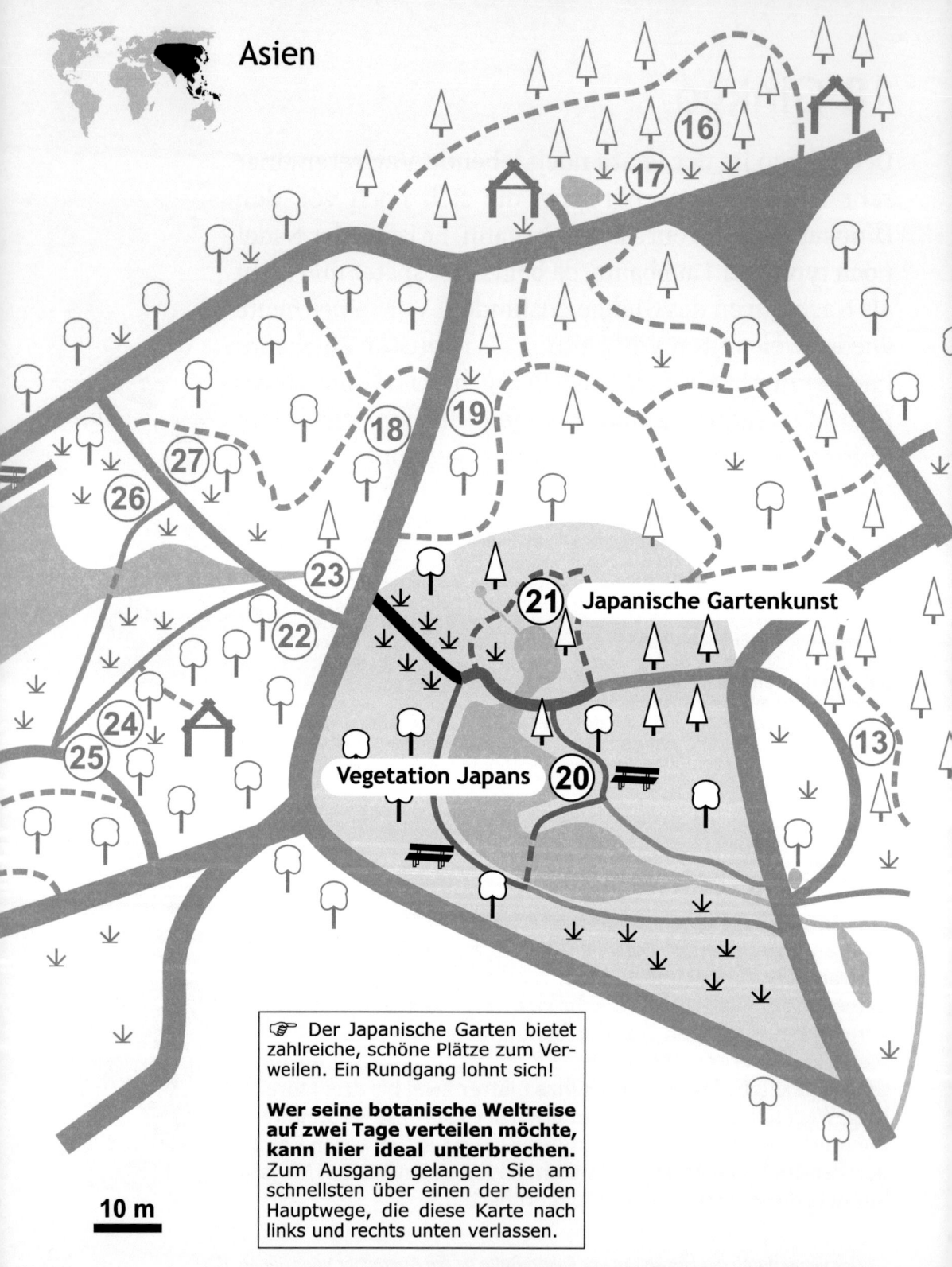

Asien

16
17

18
19

27
26
23
22
24
25

21 Japanische Gartenkunst

13

Vegetation Japans 20

☞ Der Japanische Garten bietet zahlreiche, schöne Plätze zum Verweilen. Ein Rundgang lohnt sich!

Wer seine botanische Weltreise auf zwei Tage verteilen möchte, kann hier ideal unterbrechen. Zum Ausgang gelangen Sie am schnellsten über einen der beiden Hauptwege, die diese Karte nach links und rechts unten verlassen.

10 m

20 Vegetation Japans

Japan ist ein Inselstaat mit vier Hauptinseln. Die starke Streckung des Landes von Nord nach Süd sowie die z. T. hoch aufsteigenden Gebirgsketten vereinen auf engem Raum **klimatisch sehr verschiedene Landschaftsformen**. Die hier lebende Pflanzen- und Tierwelt unterscheidet sich aufgrund der räumlichen Trennung deutlich von der auf dem asiatischen Festland. Die weit südlich gelegenen Ogasawara-Inseln werden sogar mit den Galapagos-Inseln verglichen.

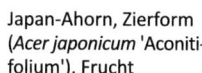

Japan-Ahorn, Zierform (*Acer japonicum* 'Aconitifolium'), Frucht

Die unterschiedlichen Klimazonen Japans begünstigen eine vielfältige und üppige Vegetation. Insgesamt sind mehr als 17 000 Pflanzenarten auf den japanischen Inseln heimisch, von denen einige, wie z. B. die Japanische Pfingstrose, in Europa als Zierpflanzen kultiviert werden. Nach dem Winter zieren zunächst Rhododendren und Azaleen die Landschaft; japanische **Kirsch- und Apfelbäume** sind auch in Westeuropa beliebte Frühjahrsboten geworden. Im Sommer erblühen auf den Teichen die **Lotosblumen**, während die Chrysanthemen (die japanische Nationalblume) im Spätherbst folgen.

Ausgedehnte **Bambushaine** sind eine weitere typische Vegetationsform. Zu den häufigsten Nadelbäumen zählen die **Japanische Sicheltanne** und die für Langlebigkeit stehende **Japanische Rotkiefer**. Auf der Nordinsel Hokkaido ähnelt die boreale Vegetation der des südlichen Sibirien.

Japan-Ahorn, Zierform (*Acer japonicum* 'Aconitifolium'), Blatt

21 Japanische Gartenkunst

In der Architektur japanischer Gärten fallen Kunst und Philosophie zusammen. Wer sie zu „lesen" weiß, dem erzählen sie viel über die Welt und den Platz des Menschen in ihr. Alle Elemente – **Pflanzen, Wasser und Stein** – befinden sich im Gleichgewicht zwischen Natürlichkeit und Bearbeitung durch den Menschen. Brücken symbolisieren die Verbindung zu den Göttern. Auf den kissenförmigen Nadelpulken der Rotkiefer lassen sich nach japanischer Vorstellung gute Geister nieder. Die Büsche entlang des engen, schräg verlaufenden Zugangswegs blockieren den Blick auf den Garten und verhindern, dass böse Geister ihn finden.

Japanische Rotkiefer (*Pinus densiflora*) mit Stützpfosten

Den Heckengang zurückgehen und den Hauptweg nach halblinks überqueren. ⇨

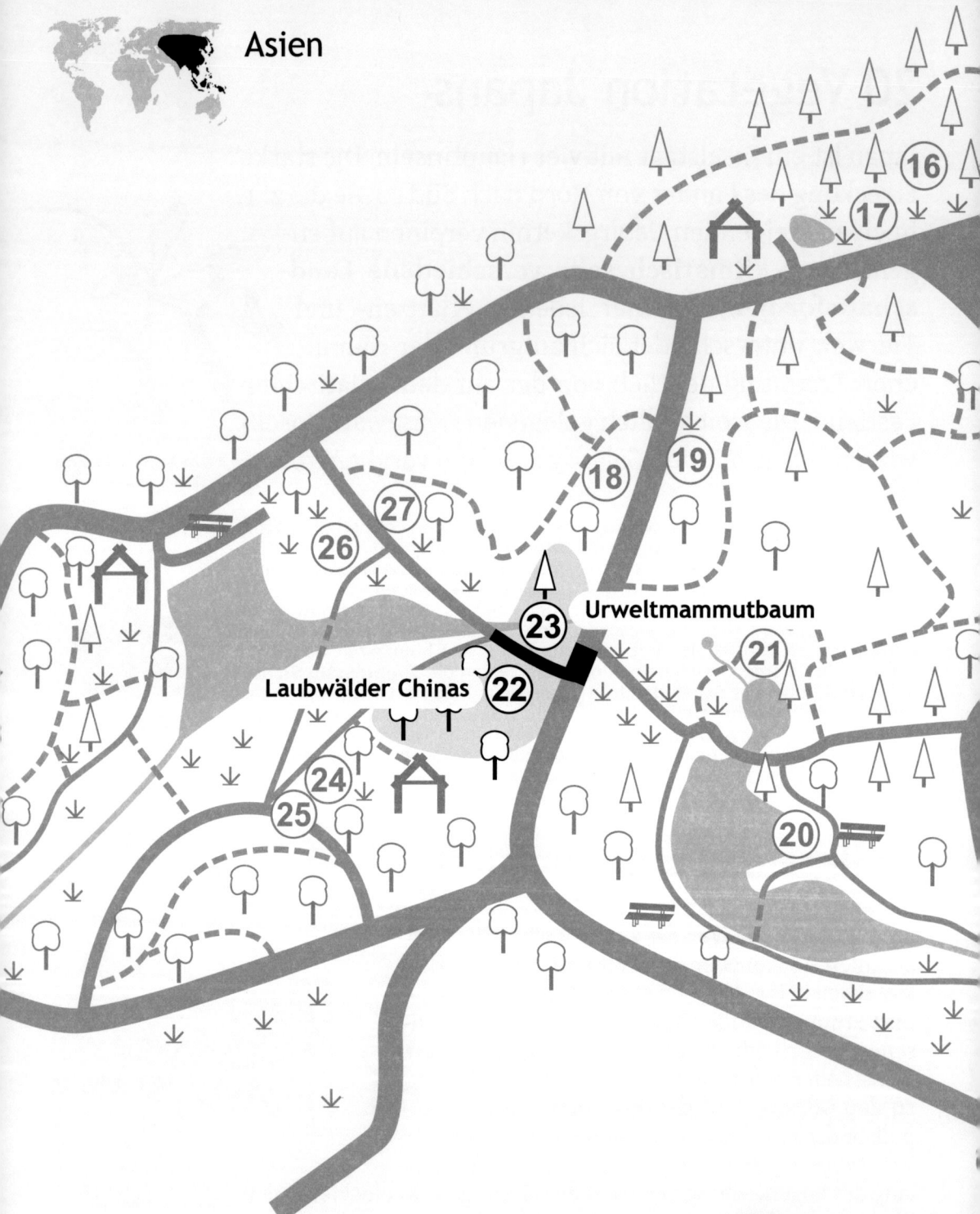

Asien

16
17
18
19
27
26
23
21
22
Urweltmammutbaum
Laubwälder Chinas
24
25
20

10 m

22 Laubwälder Chinas

Der **Pflanzenreichtum** Chinas liegt unter anderem in der **Vielzahl an Vegetationszonen** begründet. Die Laubwälder des Landes beginnen im Süden mit tropischen Formen und erreichen über verschiedene Bergwaldtypen und immergrüne Zonen den großen, sommergrünen Laubwaldbereich. Er enthält alle europäischen Baumgattungen, jedoch mit mehr Arten, sowie viele weitere. Hier im Garten erstreckt er sich über nahezu die gesamte China-Abteilung.

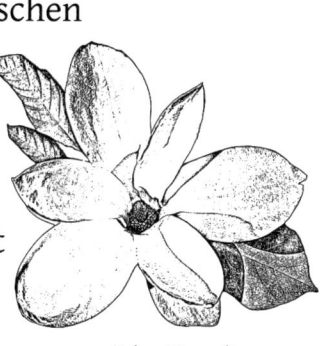

Yulan-Magnolie
(*Magnolia denudata*)

Etwa 2000 verschiedene Baumarten sind in China heimisch. Ganz im Süden des Landes gibt es einen kleinen Bereich mit **tropischen Wäldern**, die bereits ein Viertel der heimischen Tier- und Pflanzenwelt beherbergen. Richtung Norden schließt sich daran ein **immergrüner Lorbeerwald** an. China besitzt den weltweit größten Restbestand dieses Waldtyps, der vor den Eiszeiten einen Großteil der Erde bedeckte. Den meisten Europäern ist ein winziger Bestand, der auf einigen Kanarischen Inseln sowie Madeira verblieben ist, am bekanntesten. Mit den niedrigeren Wintertemperaturen der gemäßigten Zone setzt sich Richtung Norden ein **sommergrüner Laubwald** durch. Viele bei uns eingeführte **Azaleen** (laubabwerfende Rhododendren) stammen aus den angrenzenden Bergwäldern, die über einen engen Korridor südlich des Himalaya, den Hindukusch und den Kaukasus entlang eine Verbindung zum europäischen Laubwald bilden.

23 Urweltmammutbaum

Der Urweltmammutbaum ist ein **lebendes Fossil**, er galt als vor zehn Millionen Jahren ausgestorben. 1941 wurde der Baum jedoch in einer abgelegenen Bergregion Chinas wiederentdeckt. Seitdem wird er zum **Arterhalt** weltweit in Parkanlagen und botanischen Gärten angepflanzt. Äußerlich ähnelt der Urweltmammutbaum der amerikanischen Sumpfzypresse (→ S. 17), doch im Detail lassen beide sich gut unterscheiden: Während sich die Nadeln des Urweltmammutbaums genau gegenüberliegen, stehen sie bei der Sumpfzypresse abwechselnd. Seine leuchtend kupferrote **Herbstfärbung** kleidet auch den Urweltmammutbaum noch einmal in ein spektakuläres Gewand, bevor er seine Nadeln zum Winter abwirft.

Urweltmammutbaum
(*Metasequoia glyptostroboides*), Trieb mit gegenständigen Nadeln

Direkt vor der Brücke, noch vor dem See, links in die Bergwelt abbiegen. ⇨

Asien

17

18

19

21

27

26

23

22

20

24

25

Bergwälder

Himalaya-Birke

10 m

24 Bergwälder

Die Hügelflanke hinter dem Tempel symbolisiert die Hänge des **Himalaya,** an denen viele **Rhododendren-Arten** heimisch sind. Die Bepflanzung zeigt den Laubwald im unteren Bereich des Ost-Himalaya, der oberhalb von ca. 2000 m in Nadelwald übergeht.

25 Himalaya-Birke

Die strahlend **weiße Rinde** der Himalaya-Birke wurde in historischer Zeit zum Schreiben von Sanskrit-Texten verwendet und diente damals wie heute als Träger heiliger Mantras in Amuletten. Der lateinische Name *Betula utilis* deutet auf die **vielfältige Nutzung** beim Bau wie im Alltagsleben (z. B. Bandagen, Verpackungs- und Brennmaterial) hin. Die Bestände sind heute gefährdet.

Der Brücke über den See folgen (alternativ zurückgehen und links abbiegen). ⇨

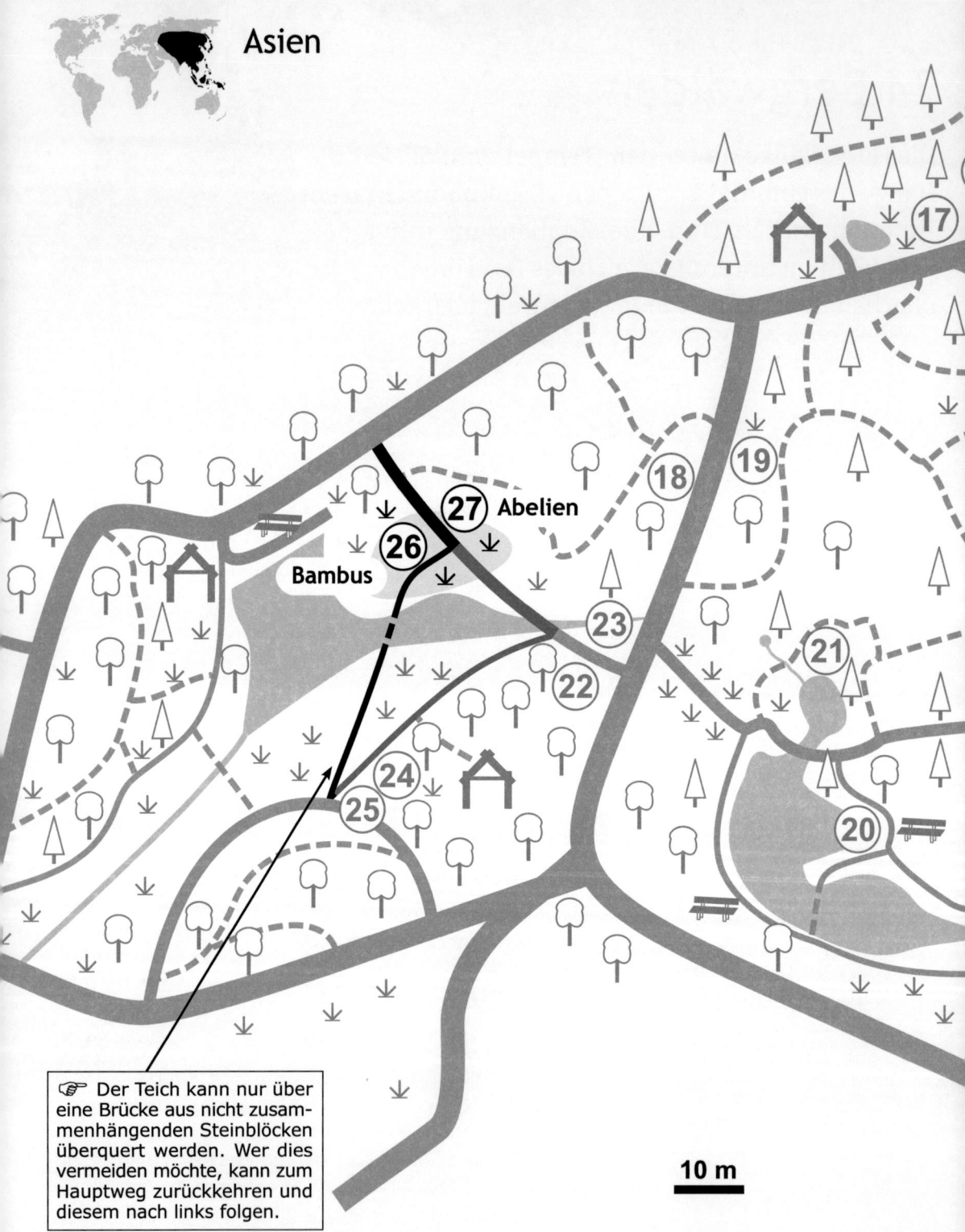

Asien

Abelien

Bambus

☞ Der Teich kann nur über eine Brücke aus nicht zusammenhängenden Steinblöcken überquert werden. Wer dies vermeiden möchte, kann zum Hauptweg zurückkehren und diesem nach links folgen.

10 m

26 Bambus

Es gibt nur wenige Pflanzen, die wir so stark mit Asien verbinden wie den Bambus. Tatsächlich jedoch sind Bambusarten **auf allen Kontinenten mit Ausnahme Europas und Antarktikas** heimisch. Botanisch gesehen ist Bambus ein **Gras**, das **verholzt**. Einige Arten erreichen auf diese Weise fast 40 Meter Höhe und das, im Gegensatz zu Bäumen, innerhalb einer Saison. Die **Wuchsgeschwindigkeit** beträgt dann teilweise mehr als einen Meter pro Tag.

Schwarzrohr-Bambus
(*Phyllostachys nigra*)

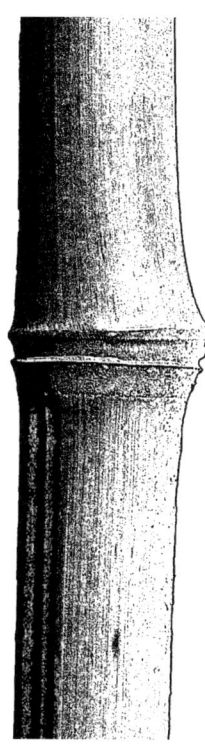

Weltweit gibt es deutlich über 1000 Bambusarten. Ihr Verbreitungsgebiet mit **Asien** und **Südamerika** als Zentrum erstreckt sich von tropischen Tiefebenen bis zur Schneegrenze, z. B. in den Anden (eine solche Art steht hier im Garten bei den südamerikanischen Scheinbuchen). Als winterharte **Zierpflanzen** eignen sich vor allem Gebirgsarten. Arten des Schirmbambus (*Fargesia*) sind in nordeuropäischen Gärten weit verbreitet. In China wachsen sie in mehreren Tausend Metern Höhe und gehören zu den Futterpflanzen des Großen Pandas.

Leicht zu erkennen sind die Arten des Flachrohrbambus (*Phyllostachys*), deren Stängel eine Rinne zwischen den **Knoten** aufweisen. Ein Bambushalm verlängert sich an jedem Knoten gleichzeitig und erreicht dadurch seine hohen Wuchsraten. Die **Blüte** erfolgt je nach Art z. T. nur alle zehn bis über 100 Jahre, dann blühen jedoch fast alle Pflanzen einer Region. Wie es dazu kommt, ist unbekannt.

Flachrohrbambus
(*Phyllostachys* spec.)
mit Knoten (waagerecht)
und Rinne (links darunter senkrecht)

27 Abelien

Abelien gehören zur Familie der Geißblattgewächse. Unter den weltweit etwa 30 Abelien-Arten gibt es immergrüne ebenso wie nur sommergrüne Vertreter und Mischformen, zu denen die **Chinesische Abelie** hier im Garten gehört. Die schöne **Duftpflanze** wird bis zu zwei Meter hoch. Da sie sowohl in die Höhe als auch in die Breite wächst, entstehen – unbeschnitten – in der Regel rundliche, kugelförmige Sträucher. Die Chinesische Abelie blüht von Juli bis in den Oktober hinein und bildet dabei zahlreiche rosa bis weiß gefärbte, kelchförmige, in Gruppen zusammenstehende Blüten aus, die ihr den Namen **„Tausendblütenstrauch"** eingebracht haben. Sie ist eine robuste Pflanze, die bis ca. -5 °C winterhart ist.

Chinesische Abelie
(*Abelia chinensis*),
Einzelblüte

Dem querverlaufenden Hauptweg nach links bis hinter die Kurve folgen. ⇨

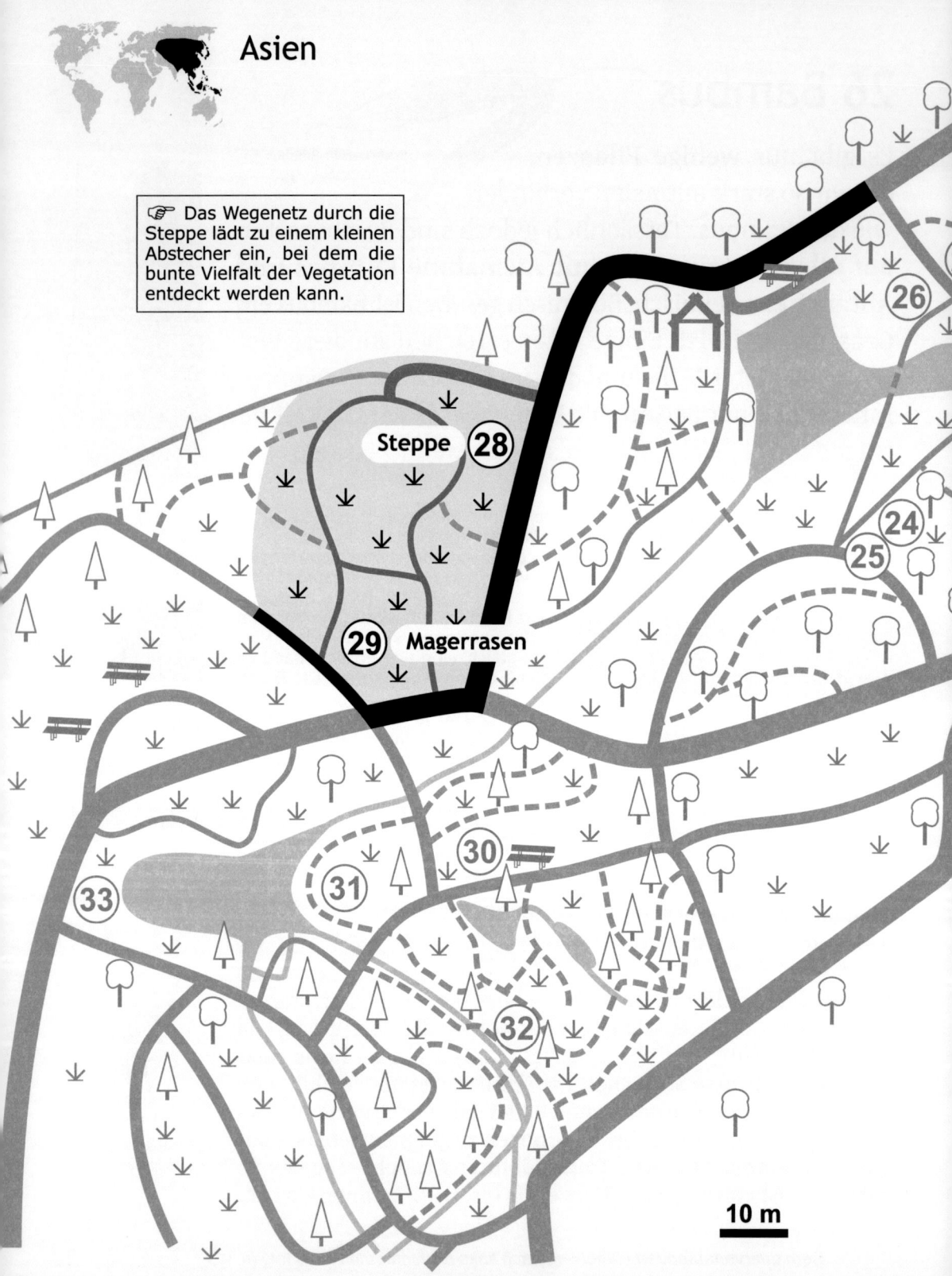

Asien

☞ Das Wegenetz durch die Steppe lädt zu einem kleinen Abstecher ein, bei dem die bunte Vielfalt der Vegetation entdeckt werden kann.

Steppe (28)

(26)

(24)
(25)

(29) Magerrasen

(33)

(30)

(31)

(32)

10 m

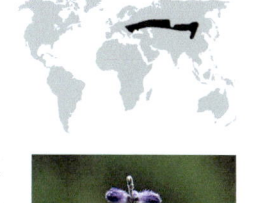

28 Steppe

China verlassend öffnet sich rechts des Weges der Blick über die Eurasische Steppe. Real dehnt sie sich über Tausende Kilometer von der Mongolei bis an die Grenze Österreichs aus. Als **baumlose Graslandschaft** im trockenen Zentrum des Kontinents entspricht sie der nordamerikanischen Prärie (→ S. 21). Obwohl die Niederschlagsmenge gebietsweise ausreichen würde, wird Baumbewuchs, wie in der Prärie, durch **Beweidung und natürliche Feuer** verhindert.

Silberstrauch
(*Perovskia abrotanoides*)

Berg-Lauch (*Allium senescens* subsp. *montanum*)

Die Steppen der nördlichen gemäßigten Zonen ähneln klimatisch und durch ihren Gras- und Krautbewuchs den tropischen **Savannen**, welche zusätzlich über einen zerstreuten Baumbestand verfügen. Es wird angenommen, dass diese Ähnlichkeit ein Grund dafür ist, dass die **frühen Menschen** sich nach dem Verlassen der afrikanischen Savanne zunächst in diese nördlichen Steppen ausgebreitet haben. Dort liegt auch der Ursprung vieler Getreidegräser, wie z. B. **Weizen und Gerste**, die dort vor etwa 10 000 Jahren erstmals kultiviert wurden. Im Garten fallen zusätzlich **Lauch-Arten** (*Allium*) durch ihre typischen Blätter und kugeligen, meist violetten Blütendolden auf. Sie kommen in der Region zahlreich vor und wurden ebenfalls schon früh genutzt.

Gelbe Skabiose
(*Scabiosa ochroleuca*)

Steppen-Thymian
(*Thymus pannonicus*)

29 Magerrasen

Ein optisch ähnliches, aber weiter westlich als die Steppe anzutreffendes, kleinflächigeres Biotop ist der Europäische Magerrasen. Hier im Garten schließt er sich an die Steppe an, rechts des auf den Hügel führenden Nebenweges. Durch **Nährstoffarmut** und vielfach **Trockenheit** ist der Konkurrenzdruck für die hier wachsenden, heute häufig bedrohten Pflanzen gering. Seit der weitgehenden Ausrottung großer **Weidetiere**, die die Flächen baum- und buschfrei hielten, entstehen Magerrasen meist nur auf landwirtschaftlich schwach genutzten, ungedüngten Weiden oder kurzzeitig auf Kahlflächen an Rutschhängen. Der Hornklee, lateinisch *Lotus*, ist hier eine häufig anzutreffende Pflanze.

Gewöhnlicher Hornklee
(*Lotus corniculatus*)

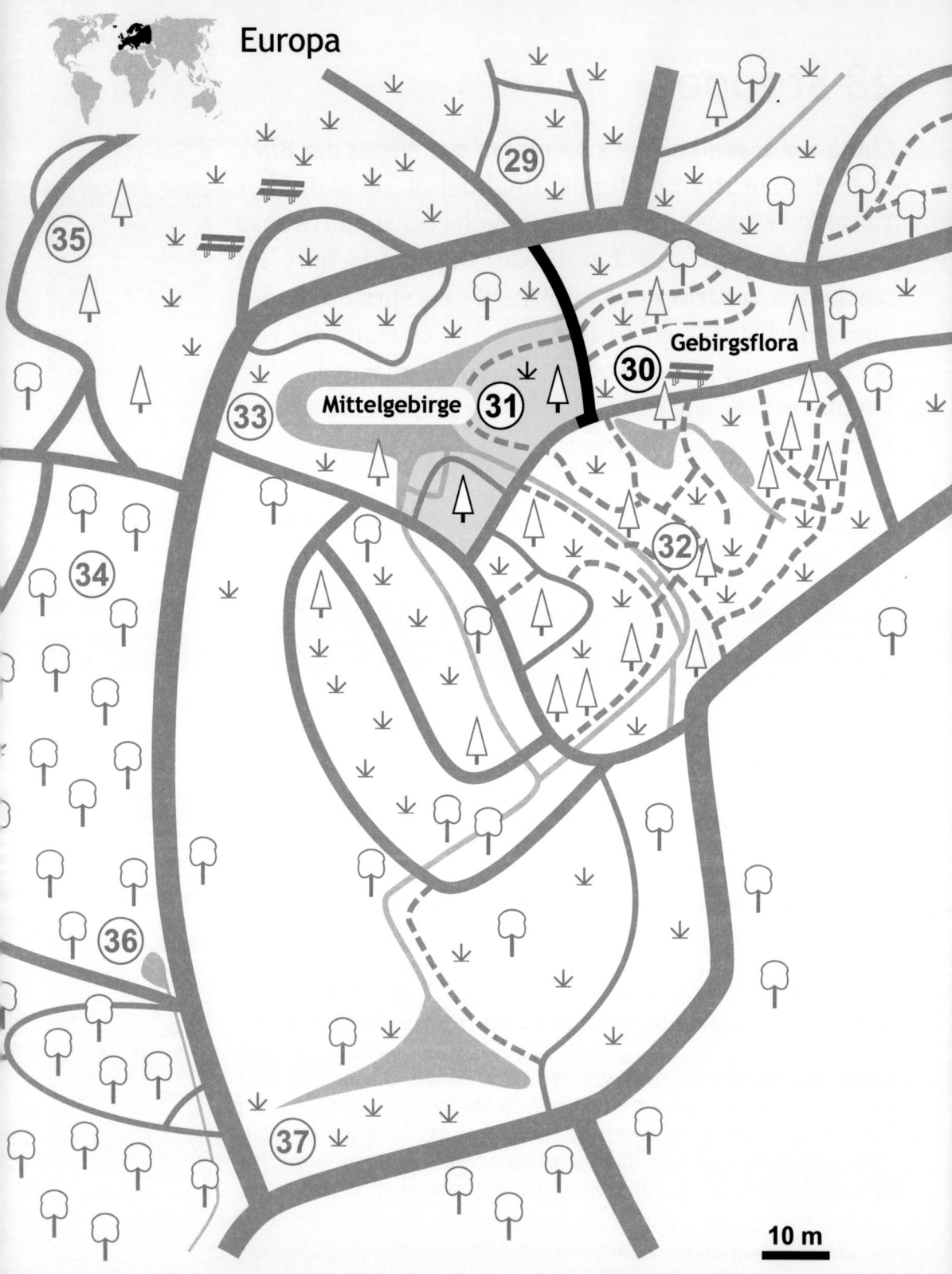

Europa

35

29

Gebirgsflora

30

33 Mittelgebirge 31

34

32

36

37

10 m

30 Gebirgsflora

In Gebirgen existieren durch die vielen, höhenabhängig aufeinander folgenden Klimabereiche in Kombination mit verschiedenen Gesteinsuntergründen eine **Vielfalt unterschiedlicher Lebensräume**. In den Alpen leben deshalb etwa 4500 Pflanzenarten.

31 Mittelgebirge

Mittelgebirge erreichen die Baumgrenze (in Mitteleuropa grob bei 1500 m) meist nicht.
Alle deutschen Gebirge, mit Ausnahme der Alpen, gehören diesem Typ an und sind hier im Garten rechts des Weges, gegenüber der höheren Alpenlandschaft dargestellt. Die Hänge sind meist bewaldet, und gebirgstypische Vegetationszonen sind aufgrund der **geringen Höhe** kaum ausgeprägt.

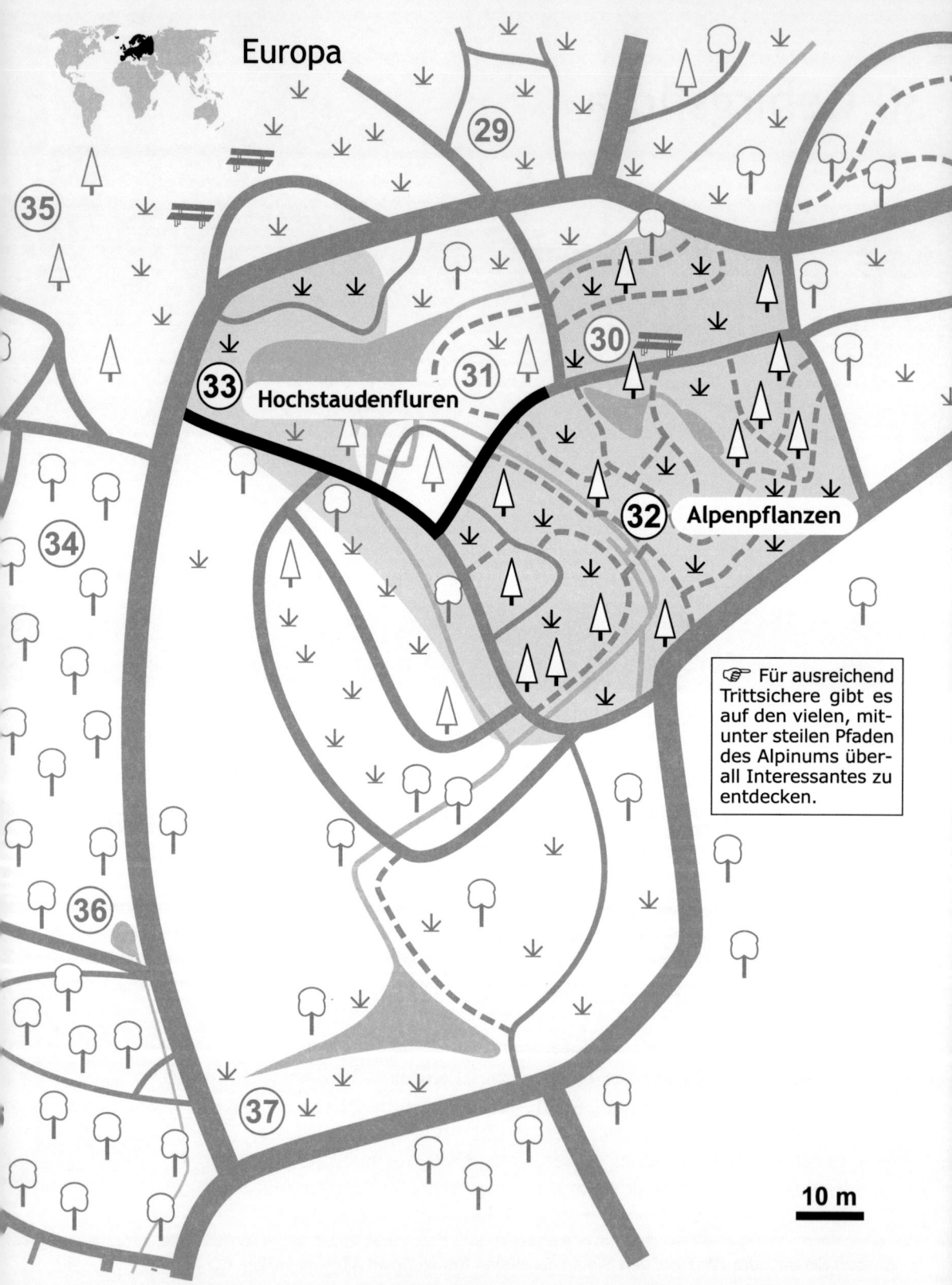

Europa

35

29

33 Hochstaudenfluren

31

30

32 Alpenpflanzen

34

36

37

☞ Für ausreichend Trittsichere gibt es auf den vielen, mitunter steilen Pfaden des Alpinums überall Interessantes zu entdecken.

10 m

32 Alpenpflanzen

Das Alpinum zeigt eine Vielzahl unterschiedlicher Alpenpflanzen. Zu ihrer genaueren Erkundung ist Kletterbegeisterten ein Ausflug über die zahlreichen kleinen Wege empfohlen. Die Felsen zur Linken und vor dem mittleren, vom Teich kommenden Bach stellen die **Kalkalpen** dar. Die Vegetation auf Kalkgestein unterscheidet sich deutlich von der auf dem Silikatgestein der **Zentralalpen** jenseits des Baches. Viele Pflanzen wachsen als Anpassung an das harsche Klima gedrungen, in Polstern oder behaart.

Stängelloser Enzian
(*Gentiana acaulis*)

Trauben-Steinbrech
(*Saxifraga paniculata*)

Vor etwa fünf bis 30 Millionen Jahren wanderten Tieflandpflanzen von Norden und Süden in die sich auffaltenden Alpen ein und passten sich den neuen Gegebenheiten an. Hinzu kamen Pflanzen aus asiatischen Gebirgen. Dann überrollten während der Eiszeiten von Norden kommende Gletscher die ursprüngliche Pflanzenwelt Mitteleuropas und trieben die kältetolerantere, arktische Vegetation vor sich her in Richtung Alpen. Die Alpengletscher wuchsen ebenfalls und verschoben die damalige Alpenvegetation in den gleichen, eisfreien Streifen nördlich der Alpen. Dort entstand als „Mischung" die **arktisch-alpine Flora**, die sich am Ende der Eiszeiten wieder nach Norden und in die Berge zurückzog. Pflanzen jeder Herkunft sind heute noch auffindbar.

Edelweiß
(*Leontopodium alpinum*)

Berg-Flockenblume
(*Centaurea montana*)

33 Hochstaudenfluren

Stauden sind mehrjährige Pflanzen, die nicht verholzen und deshalb jeden Winter oberirdisch absterben. Rechts des aus dem Alpinum führenden Weges sind Hochstaudenfluren angelegt, die sich rund um den Teich ausdehnen. Dieser Vegetationstyp kann überall auf **feuchten, nährstoffreichen Böden** vorkommen, z. B. in Bachnähe. Häufig folgt er einer landwirtschaftlichen Nutzung. In den Alpen, kurz unterhalb der Waldgrenze, bilden sich an solchen Stellen sogenannte **Lägerfluren** mit ähnlichem Bewuchs. **Karfluren** entstehen in Karen, von kleinen Gletschern verursachten, kesselförmigen Mulden an Berghängen. Ihr Boden ist unten durch die Gletschermoräne abgedichtet und daher feucht.

Trollblume
(*Trollius europaeus*)

Das Alpinum verlassen und den halblinks gegenüberliegenden Wald betreten. ⇨

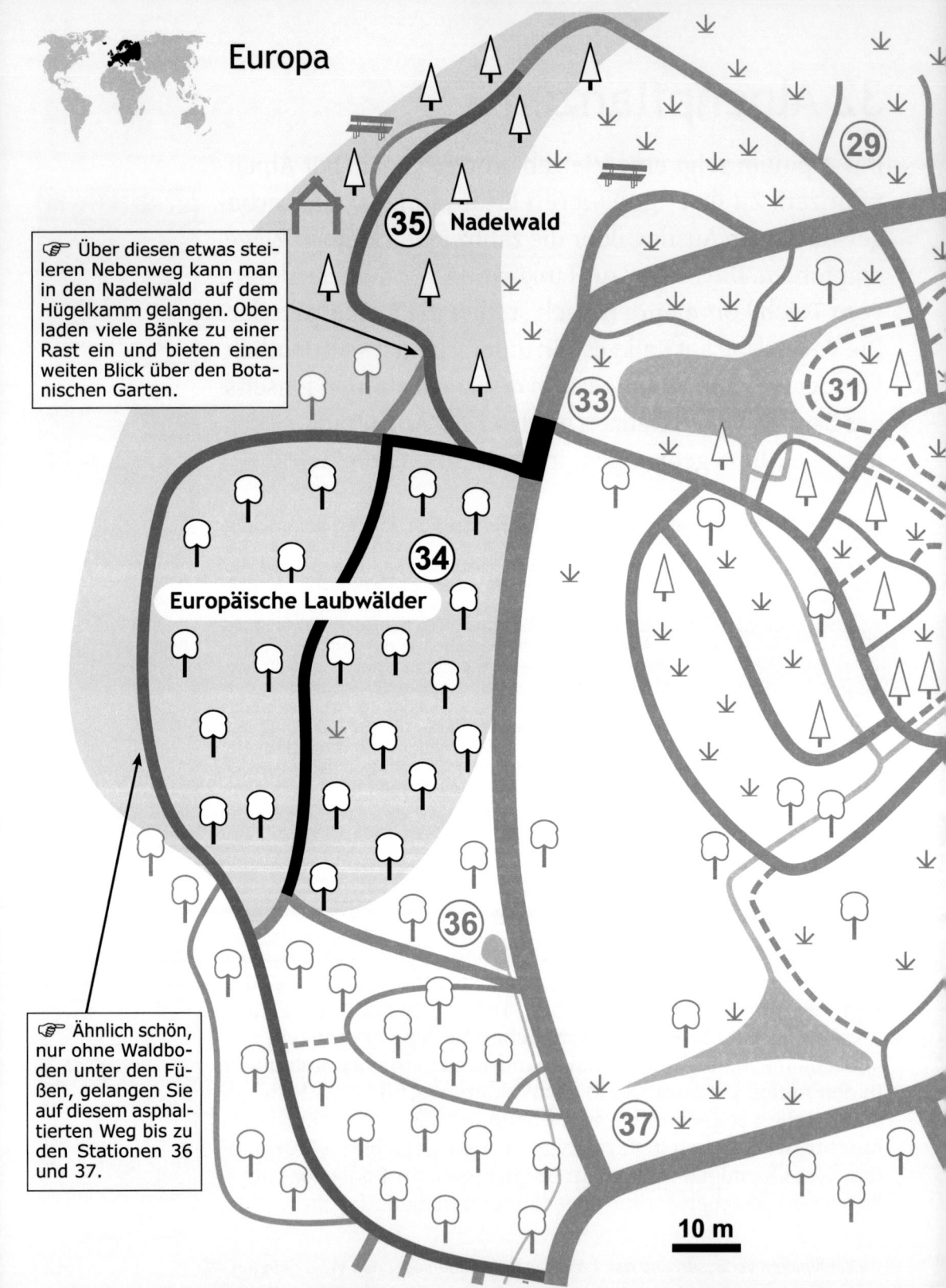

Europa

29

35 Nadelwald

☞ Über diesen etwas steileren Nebenweg kann man in den Nadelwald auf dem Hügelkamm gelangen. Oben laden viele Bänke zu einer Rast ein und bieten einen weiten Blick über den Botanischen Garten.

33

31

34

Europäische Laubwälder

36

☞ Ähnlich schön, nur ohne Waldboden unter den Füßen, gelangen Sie auf diesem asphaltierten Weg bis zu den Stationen 36 und 37.

37

10 m

34 Europäische Laubwälder

Ohne den Eingriff des Menschen wäre der Großteil Mitteleuropas von Laubwald bedeckt. Er ist in Europa jedoch **artenärmer** als an der Ostküste Amerikas (→ S. 25) oder in China (→ S. 33), da viele Arten auf dem Rückzug vor den **Eiszeiten** an den Alpen „erdrückt" wurden.

Rot-Buche (*Fagus sylvatica*), Blatt

Pflanzen im Unterwuchs blühen meist im Frühjahr vor dem beschattenden Laubaustrieb.

Rot-Buche (*Fagus sylvatica*), Fruchthülle

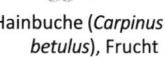

Hainbuche (*Carpinus betulus*), Frucht

Der europäische Urwald ist ein **Rotbuchenwald**. Nur wenn die Bedingungen für Rot-Buchen ungünstig sind, sind andere Bäume in der Lage einzuwandern und Mischwald zu bilden oder den Buchenwald zu ersetzen, oft durch **Eichen-Hainbuchenwald**. Hainbuchen sind trotz ihres deutschen Namens näher mit Birken und Erlen verwandt als mit der Rot-Buche, zu der sich sowohl Blätter als auch Früchte deutlich unterscheiden. In Mitteleuropa ist neben der Stiel- auch die Trauben-Eiche beheimatet. Die Stiel-Eiche ist durch unten geöhrte Blätter an kurzen Stielen und Früchten mit langen Stielen von der Trauben-Eiche unterscheidbar. Wie hier im Garten sind natürliche Mischformen häufig.

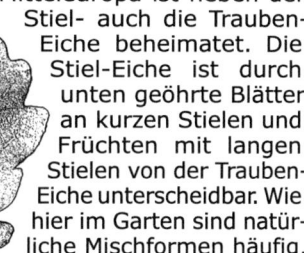

Stiel-Eiche (*Quercus robur*)   Trauben-Eiche (*Quercus petraea*)

Hainbuche (*Carpinus betulus*), Blatt

35 Nadelwälder

Nadelgehölze sind unter den üblichen mitteleuropäischen Waldbedingungen nicht in der Lage, sich gegen Laubbäume durchzusetzen. Sie gedeihen deshalb dort, wo die Bedingungen für Laubbäume nicht mehr optimal sind, d. h. in **größeren Höhen** (niedrige Temperaturen, kurze Vegetationszeiten) oder auf **nährstoffarmen und trockenen Sandböden**. Nadelwälder außerhalb dieser Regionen gehen deshalb meist auf Anpflanzungen durch den Menschen zurück, z. T. auf zuvor durch Landwirtschaft ausgelaugten Böden. Hier im Garten ist ein Beispiel auf dem Hügel rechts des Weges zu sehen.

Gemeine Fichte (*Picea abies*) mit Neuaustrieb

Europäische Lärche (*Larix decidua*), Zapfen

Gemeine Kiefer oder Wald-Kiefer (*Pinus sylvestris*), männliche Blüte

Dem Waldweg folgen und kurz vor dem asphaltierten Weg links abbiegen. ⟹

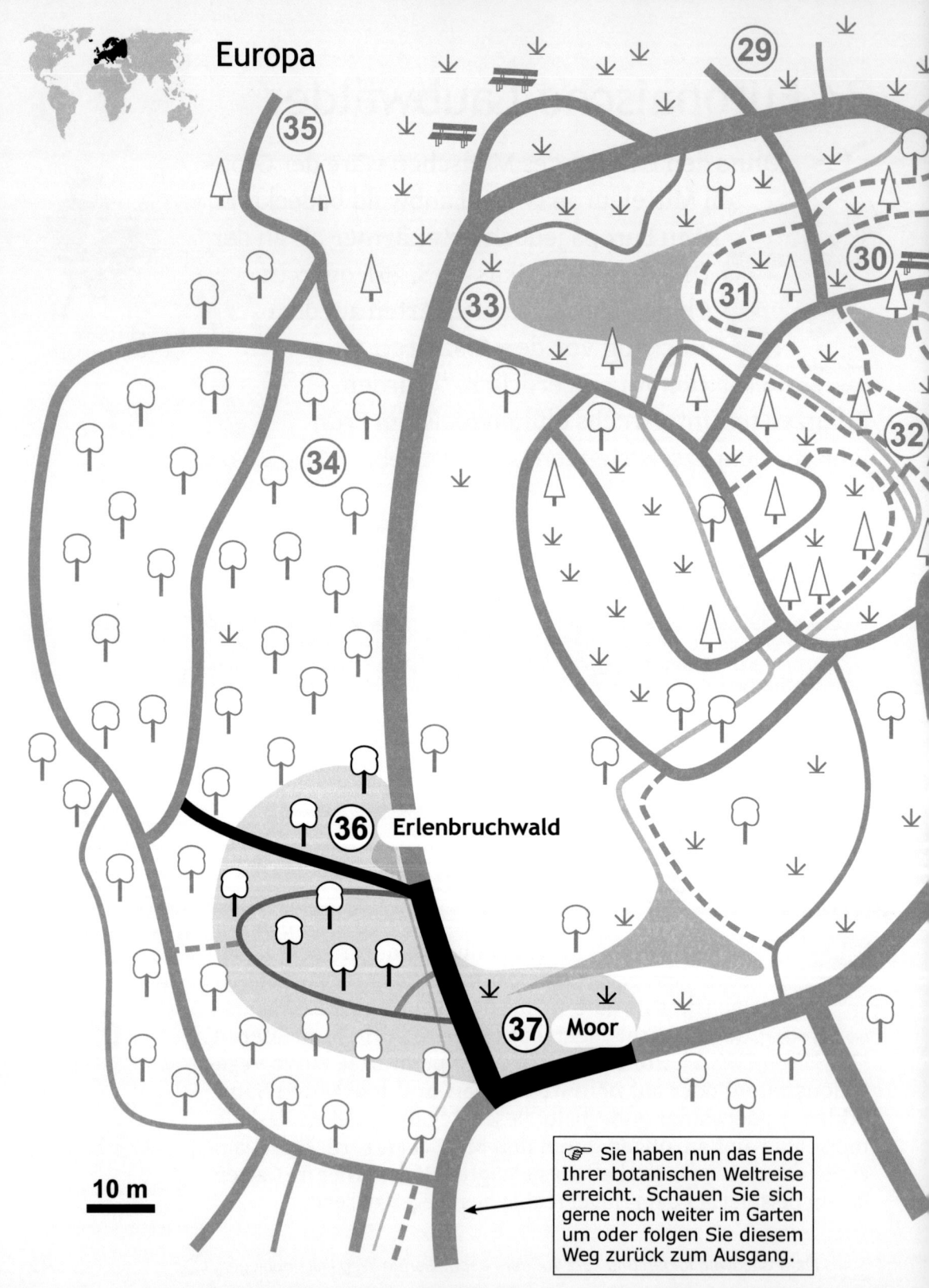

Europa

29

35

33

31

30

32

34

36 Erlenbruchwald

37 Moor

10 m

☞ Sie haben nun das Ende
Ihrer botanischen Weltreise
erreicht. Schauen Sie sich
gerne noch weiter im Garten
um oder folgen Sie diesem
Weg zurück zum Ausgang.

36 Erlenbruchwald

Liegt der Grundwasserspiegel nahe der Oberfläche, entsteht ein Bruch (aus dem Mittelhochdeutschen für „**Sumpflandschaft**"). Bevor die Landschaft in offenes Moor oder Gewässer übergeht, sind Erlen die letzten Bäume, die in dem **dauernassen Boden** überleben können. Vorherrschend ist die Schwarz-Erle, die sich durch ihre stumpfe Blattspitze von der Grau-Erle unterscheidet. Die Grün-Erle bleibt ein Busch mit schmaleren Blättern.

Schwarz-Erle
(*Alnus glutinosa*), Blätter

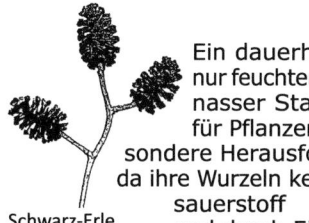

Schwarz-Erle
(*Alnus glutinosa*),
reife Fruchtstände

Ein dauerhaft nicht nur feuchter, sondern nasser Standort ist für Pflanzen eine besondere Herausforderung, da ihre Wurzeln keinen Luftsauerstoff erhalten und durch Fäulnis bedroht sind. Erlen, die konkurrenzschwach sind und üblicherweise von anderen Baumarten verdrängt werden, können diese **ökologische Nische** besiedeln, denn sie versorgen ihre Wurzeln durch spezielle Poren an der Stammbasis und im oberen Wurzelbereich mit Luft. Im Bau ist Erlenholz zwar wenig witterungsbeständig, aber dafür unter Wasser äußerst haltbar.
Auf sauren Böden in Hochmoornähe wächst **Birkenbruchwald**, hier im Garten rechts des Weges. In stärker kontinental, nördlich oder alpin geprägtem Klima überwiegen die anspruchslosen Kiefern oder Fichten.

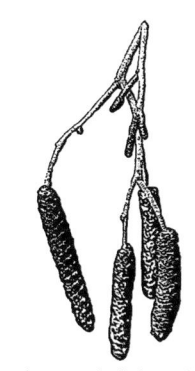

Schwarz-Erle (*Alnus glutinosa*), männliche und weibliche Fruchtstände

rechts: Gagelstrauch
(*Myrica gale*)

37 Moor

Moore sind dauernasse Landschaften, in denen sich Pflanzenreste unter Wasser aufgrund von Sauerstoffmangel in Torf umwandeln. Aus Bruchwäldern und verlandenden Seen bilden sich **Flachmoore**. In Gebieten mit ganzjährig ausreichendem Niederschlag können Torfmoose (*Sphagnum*) über viele Jahrzehnte mehrere Meter in die Höhe wachsen, wobei der untere Teil der wassergetränkten Moospflanzen vertorft. Da solche **Hochmoore** nur durch Regenwasser gespeist werden, sind sie extrem nährstoffarm. Nur hochspezialisierte Pflanzen können hier leben. Dazu gehören **fleischfressende Pflanzen**, in Europa meist Sonnentaue, die den Nährstoffmangel durch Insektenfang an Blättern mit Klebetentakeln ausgleichen.

Torfmoos (*Sphagnum* spec.), Moospflänzchen mit Endknospe

Die Reise endet hier in Europa, der Hauptweg führt zum Gartenausgang. ⇨

Die Vielfalt der Pflanzen

Der Begriff „Biodiversität" ist heutzutage in aller Munde. Er bezeichnet die Vielfalt der Organismen und ihrer Lebensräume. Die Reise durch den Botanischen Garten vermittelt einen kleinen Eindruck dessen, was unsere Erde an pflanzlicher Vielfalt zu bieten hat. Einige hundert Pflanzenarten stehen hier beispielhaft für viele Tausende von Arten, die auf allen Kontinenten die hier dargestellten Vegetationszonen bewohnen. Nicht im Garten vertreten sind die in die Hundertausende zählenden Arten, die in unserem mitteleuropäischen Klima nicht gedeihen – ein Großteil davon ist in den immer kleiner werdenden, tropischen Regenwäldern beheimatet. Einige dieser Arten sind in den Schaugewächshäusern in der Nähe des Dammtor-Bahnhofs zu sehen.

Wie der Rundgang an einigen Beispielen zu zeigen versucht hat, entsteht ein Großteil der botanischen Vielfalt durch die Anpassung der Pflanzen an die speziellen Bedingungen ihrer Lebensräume. Dieser evolutionäre Prozess läuft seit der Besiedlung der Landmassen und deren Veränderungen über Jahrmillionen ununterbrochen ab. Wie gezeigt sind beim aufmerksamen Betrachten des heutigen Vegetationsbilds der Erde noch die Spuren zu entdecken, die das Auseinanderbrechen von Kontinenten, die Auffaltung von Gebirgen, Eiszeiten und natürlich Tiere hinterlassen haben.

Tiere haben seit jeher intensiv mit Pflanzen interagiert, und beide haben sich gegenseitig in Aussehen, Verbreitung und Lebensweise beeinflusst. Dabei waren die Pflanzen den Tieren seit dem Verlassen des Wassers immer einen Schritt voraus, denn Tiere können ohne Pflanzen als Nahrungsquelle nicht leben. Mittlerweile bestehen jedoch so intensive Verflechtungen, dass weder die heutige Tier- noch die heutige Pflanzenwelt alleine existieren könnte: Tiere benötigen Pflanzen als Nahrung, Lebensraum, Sauerstoffproduzenten und Klimaregulatoren. Pflanzen hingegen verlassen sich teilweise ausschließlich auf Tiere als Bestäuber, Samenverteiler, Bodenbearbeiter, Biotopgestalter und Nährstoffquelle.

Der Mensch schließlich ist in gleicher Weise Teil dieses natürlichen Gefüges. Unsere Ernährung und große Teile der Rohstoffgewinnung basieren nahezu ausschließlich auf Pflanzen, und wir benötigen aus vielen Gründen eine von Pflanzen bewohnte Umwelt, nicht zuletzt, um unseren Lebensraum klimatisch und geographisch zu erhalten. Auch der Mensch hat die Pflanzenwelt entscheidend geprägt. Schon vor den massiven Eingriffen in unsere Umwelt im Laufe der letzten Jahrhunderte haben Menschen Pflanzen durch Auslese verändert, großflächig angebaut und über die Welt verbreitet. Viele der dadurch entstandenen Kultur- und mittlerweile auch Zierpflanzen können sich ohne den Menschen nicht mehr vermehren und sind in ihrer Existenz auf ihn angewiesen. Umgekehrt haben genau diese Pflanzen es dem Menschen ermöglicht, durch Ackerbau sesshaft zu werden. Dadurch können Orte, an denen ein längeres Verweilen ursprünglich nicht möglich war, heute in hohen Bevölkerungsdichten bewohnt werden.

Eine Vielzahl evolutionärer Versuche ist nötig, bis ein Tier eine Pflanze findet, mit der zusammen es leben kann, bis eine Pflanze einen neuen Lebensraum erobert, bis der Mensch eine essbare Pflanze entdeckt, die unter einer Vielzahl von Umweltbedingungen reiche Ernte bringt. Die Erfolgswahrscheinlichkeit ist nur dann ausreichend hoch, wenn eine große Vielfalt an Arten existiert, die eine entsprechend hohe Vielfalt an Lebensräumen benötigt. Nur dann ergeben sich neue, fruchtbare Konstellationen, und die Evolution entwickelt eine hohe Dynamik. Die Natur und mit ihr die Prinzipien der Evolution würden auch ohne dies in irgendeiner Form weiterexistieren. Dem Menschen jedoch wird es ohne eine große Auswahl an natürlichen Ressourcen vermutlich schwerfallen, seine Nahrungs- und Rohstoffpflanzen züchterisch gesund und überlebensfähig zu halten oder noch genug pflanzliche Substanzen zu finden, die als Blaupausen, z. B. für neue Arzneimittel, dienen. Um diese Befürchtungen nicht Realität werden zu lassen, werden seit einigen Jahren verschiedene Anstrengungen unternommen, die Biodiversität unseres Planeten zu bewahren. Voraussetzung für alle derartigen Bemühungen ist ein Bewusstsein, Verständnis und etwas Faszination für die Welt, deren Teil wir sind. Dieses Buch möchte dazu beitragen. Die Vielfalt der Natur muss letztlich in der Natur selbst erhalten werden, denn auch der beste Botanische Garten kann die Biodiversität, die uns noch zur Verfügung steht, nicht in sich bewahren.

Index

Seit 1977 wird die Arbeit des Botanischen Gartens durch einen Förderverein, die ›Gesellschaft der Freunde des Botanischen Gartens Hamburg e. V.‹ unterstützt. Zur Gründung dieses Vereines hatten sich einstmals interessierte Besucher, Gärtner und Biologen zusammengefunden, die das vorrangige Ziel verfolgten, für den weiteren Ausbau und die Verschönerung des Gartens zu sorgen. In den vergangenen Jahrzehnten hat das Wirken der Gesellschaft und ihrer Mitglieder zunehmende Bedeutung erlangt und ist heute zu einem unverzichtbaren Bestandteil der Arbeit des Botanischen Gartens geworden.

Mit ihren Jahresbeiträgen und Spenden haben die Mitglieder der Gesellschaft die Verwirklichung zahlreicher Projekte, wie Bauernhaus, Duft- und Tastgarten und Cafeteria ermöglicht. Darüber hinaus ist ein zunehmend größerer Anteil der Mitglieder aber auch persönlich im Garten aktiv. So wird der im Jahre 2003 eröffnete Gartenshop ausschließlich durch ehrenamtliche Helfer betrieben. An vielen Stellen des Gartens werden einzelne Beete durch ehrenamtliche Gartenpaten betreut und Veranstaltungen, wie die Informations- und Pflanzenbörsen, die Konzertreihe ›Musik und Lyrik‹ und die sommerlichen Abendausflüge und Tagesexkursionen sind ebenfalls nur durch das engagierte Wirken von Mitgliedern der Gesellschaft möglich.

Auch die Sonntagsführungen, die im Freigelände und in den Tropenhäusern rund ums Jahr stattfinden, sowie eine Vortragsreihe im Winterhalbjahr werden von der Gesellschaft organisiert.

Wenn auch Sie Interesse daran haben, die Arbeit des Botanischen Gartens in der einen oder anderen Form zu unterstützen, wenden Sie sich bitte an eine der unten angegebenen Kontaktadressen.

Gesellschaft der Freunde des Botanischen Gartens Hamburg e. V.

Hesten 10 · 22609 Hamburg
Telefon 040/822 93-161 · Fax 040/822 93-165
Geschäftszeit mittwochs 10.00 – 12.00 Uhr
(außerhalb der Geschäftszeit läuft ein Anrufbeantworter)
www.bghamburg.de